新装版

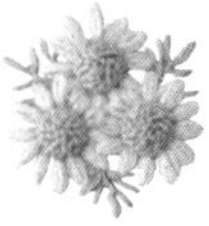

小さくてキュートな立体刺繍

nana's stitch

三浦 名菜

参考作品（作り方は載っていません）

はじめに

本書は2019年に手芸＆クラフト展コンテストにて
「花のリースと動物の刺繍バッグ」(写真左)が
最優秀賞を受賞した副賞として出版した書籍です。
はじめて著者という立場となり、身の引き締まる思いがいたしました。
お気に入りのモチーフである、カモミール、くま、パンダを中心に
みなさまと一緒にレッスンをするイメージで
刺し方だけでなく、雑貨への仕立て方も
わかりやすく解説することを心がけました。
ステッチや色は、本の指定にとらわれず好みのアレンジを加えると、
より愛情を持っていただけそうです。
ひと針ひと針刺していく時間は、長いけれど、尊いものです。
ひたすら指を動かすことは、
心に平安をもたらすセラピーになるように思います。
みなさまにも、ゆっくりと長く楽しんでいただけますように。

2021年1月に出版社閉業にともない発売停止となった本が、
嬉しいことに、この度「新装版」として復刻しました。
皆様に縁起のよいラッキーアイテムを！と、
新作「幸せの四つ葉とパンダのお守り袋」を加えました。
神社やお寺から頂いたお札に合わせて、手作りしていた昔にならい、
ひと針ごとに願いをこめた「お守り袋」が
大切な人へ届きますように。

2021年4月

三浦名菜

Contents

panda with a bag …がま口コインケース

手のひらサイズのがま口にお金が大好きなパンダを刺繍しました。

がま口の図案と作り方⇒46ページ

Life after Brexit
UK has confused sovereignty with
PHILIP STEPHENS, PAGE 17
こがねもちなの
ぼくの全財産
warn €1.9bn is m
New focus on payments group
€195.75
star of the German tech sector, warned
that €1.9bn was missing from its
accounts.
Wirecard, which is based in a Munich
suburb, processes tens of billions of
euros in credit and debit transactions
each year as a member of the Visa and
Mastercard networks. But it has spent
the past 18 months battling to allay con-
largest shareholder, propelled Wirecard
into Germany's prestigious Dax 30
index two years ago when the company
results are not published today.
Wirecard said it was "working inten-
sively together with the auditor towards
a clarification of the situation". By yes-
白黒 つけよう じゃないか

フレーム内参考作品(刺し方は載っていません)

pandas & bears …くるみボタン

ピアスやピンバッジ、ブローチやヘアゴムなどにアレンジできるくるみボタンです。
たくさん作って楽しみましょう。

図案と作り方⇒47 ～ 49ページ

mimosa wreath with panda

図案⇒50ページ

mimosa wreath with panda …まんまるきんちゃく

平和の象徴でもある丸いリースを刺して丸い形の巾着に仕立てました。
バッグの中で散らばる小物を丸くおさめましょう。

図案と作り方⇒ 50・51・53 ページ

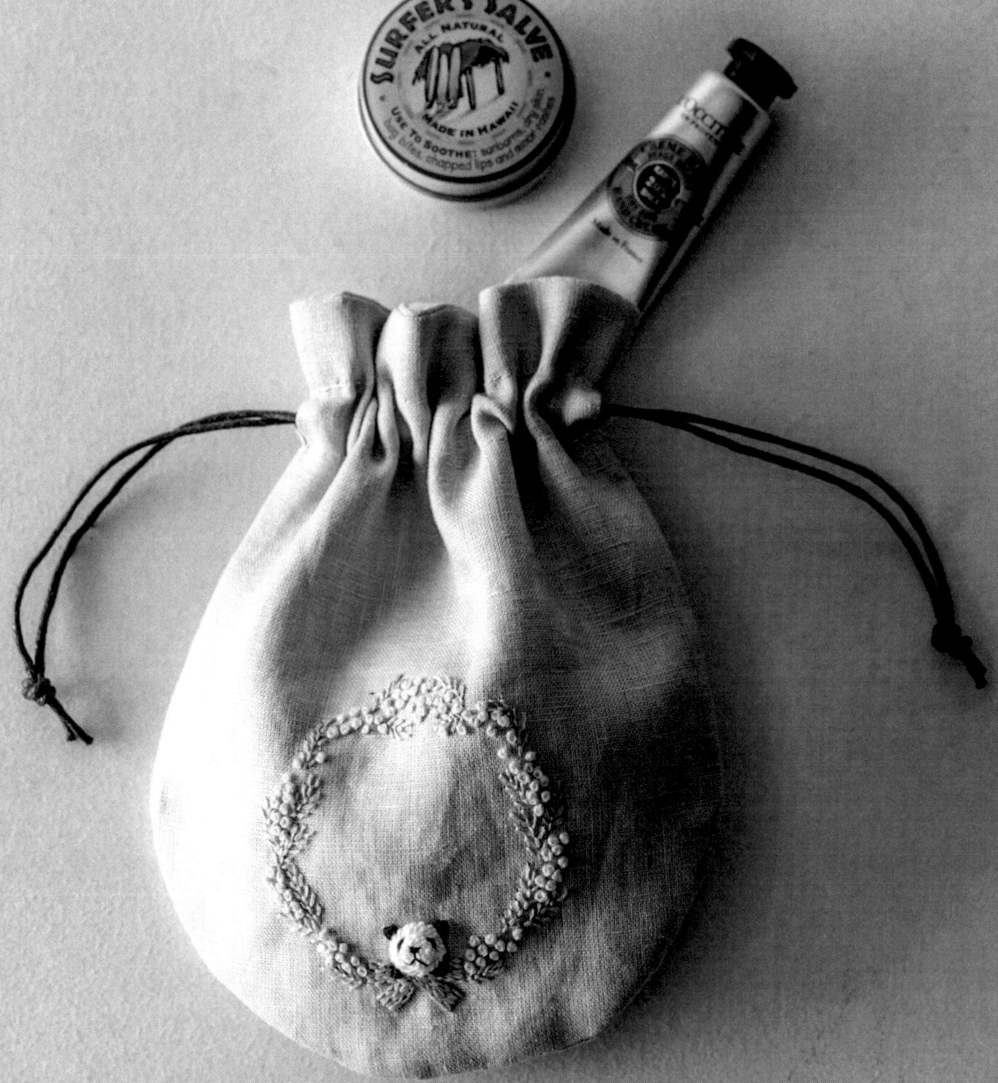

triple ice cream cones with pandas

図案⇒50ページ

triple ice cream cones with pandas

…まんまるきんちゃく

アイスクリームのてっぺんにパンダがひょっこり！
おいしそうな刺しゅうの袋には
やはりおいしいお菓子を入れたいですね。

図案と作り方⇒50・52・53ページ

panda & bears with leaves

図案⇒54ページ

panda & bears with leaves …マチ付きポーチ

パンダとくまのワンポイント刺繍を入れ、
ハーブと組み合わせてエンブレム風にし
裏地つきで長く愛用できるポーチに仕立てました。

図案と作り方⇒54・56・57・67ページ

bears with leaves

図案⇒55ページ

bears with leaves …フラットポーチ

文庫本・パスポートを入れて旅のお供にしたり、
手帳やカードなどにも、いいサイズのポーチです。
刺繍を入れる位置は中央や左右の端でもよいですね。

図案と作り方⇒55 ～ 57・67ページ

図案⇒58ページ

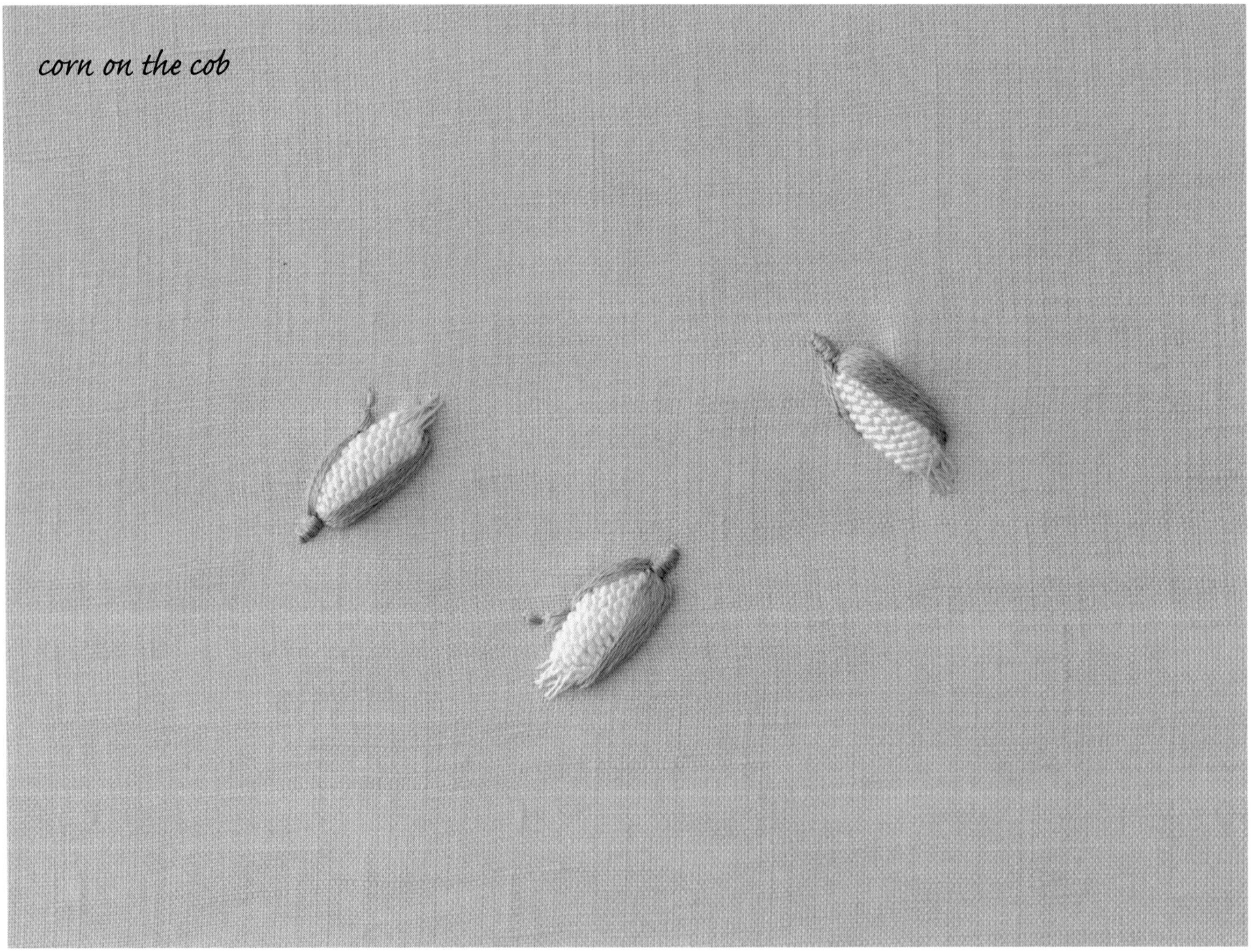

ladybug, strawberry, cherry & corn on the cob …小さなモチーフ

布に刺してピアスにしたり、直接バッグに刺したり、
指輪やランチョンマットにしたりとアイデア次第で楽しみ方もいろいろです。

図案と作り方⇒58・59ページ

gerbera daisies

図案⇒60ページ

gerbera daisies & sunflowers …がま口ポーチ

約6センチのマチをつけたポーチです。
生地や刺繍糸の色を変えると雰囲気が一変。ガーベラがひまわりになりました。

図案と作り方⇒60・59ページ

flower alphabet

図案⇒62ページ

flower alphabet

図案⇒63ページ

flower alphabet …ニードルホルダー

口金を使った二つ折りのコンパクトなデザイン。
左側のポケットにはわたを入れてピンクッションにしました。

図案と作り方⇒ 62 ～ 65 ページ

flower alphabet …ピンクッション

8cm × 8cmの針仕事の相棒。
底に厚紙を入れて針が貫通する心配をなくし、
厚みも少ないのでわたの中で迷子になることがありません。

図案と作り方⇒62・63・66ページ

chamomiles

図案⇒68ページ

chamomiles・・・がま口ポーチ

カモミールの図案を組み合わせてポーチに仕立てました。
たくさん刺すと華やかになり、刺繍時間を長く楽しめます。

下のポーチの図案と作り方⇒69・75～77ページ

参考作品
（図案は載っていません）

herbs with hemp string

図案⇒70ページ

chamomile bouquet with bow, herbs with hemp string

…ブックカバー

文庫本サイズのブックカバーに仕立てました。
読書の楽しみが広がります。プレゼントにも。

図案と作り方⇒70・72・73ページ

herbs with hemp string

… 隠しマチ付きミニバッグ＆がま口コインケース

ミニバッグには４センチのマチがついているので、見た目より収納力があり重宝します。
麻紐の刺繍は後ろ面まで続くように十文字に刺してもよいでしょう。

図案と作り方⇒バッグ70・71ページ　コインケース70・74・76・77ページ

Panda with a lucky four-leaf clover

… 幸せを願う四つ葉とパンダのお守り袋

少しの布があれば作れるので端切れの活用にも。
リボンをちょう結びにして、願いを封じましょう。

図案と作り方⇒バッグ31ページ

Panda with a lucky four-leaf clover …幸せを願う四つ葉とパンダのお守り袋 ⇒口絵 p.30

材料（カーキ、グレー、青共通）
刺繍布／薄手フレンチリネン　10cm×20cm（外布）
刺繍糸／DMC25番刺しゅう糸　使用色は図案参照
接着芯／薄手の綿素材　10cm×20cm
手芸用化繊わた、幅0.3cmのリボン40cm
厚紙／3.5×5cm
用具　目打ち　マイナスドライバー

でき上がりサイズ
幅4.5cm×縦8cm
（リボンは含まない）

作り方

❶ 刺繍布に接着芯をアイロンで貼る。
❷ 図案とp.38-40、p.42を参照して1の前面に刺繍をする。
❸ 型紙どおりに裁ち、お守り袋に仕立てる（下図①ー⑦参照）。

実物大型紙・図案配置図

●パンダの刺し方はp.40〜42参照（２本どり）
●目・鼻・口は310、口のみ１本どり

外布＋接着芯各1枚

●刺繍をしてから裁つ

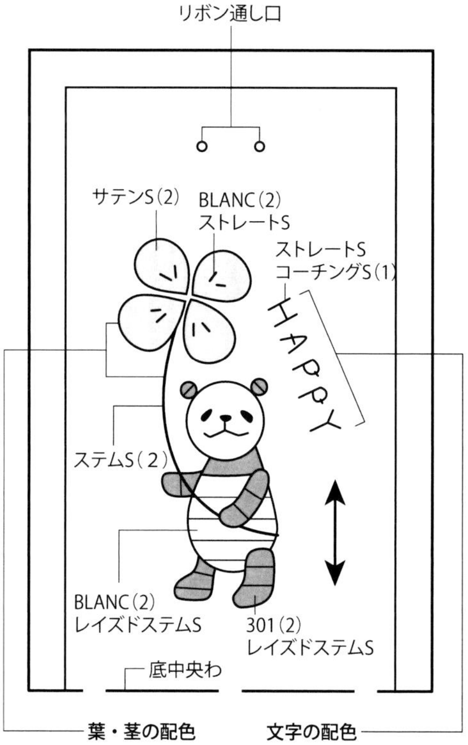

葉・茎の配色
[　　]内は布の色
[カーキ色]3348
[グレー]730
[青]3348

文字の配色
[カーキ色]809
[グレー]3687
[青]745

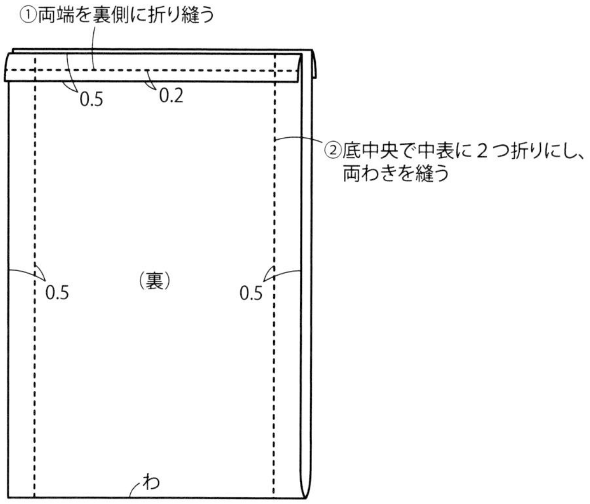

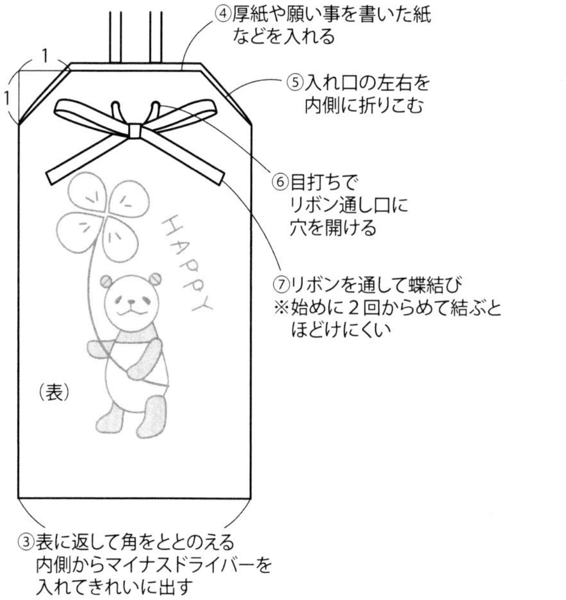

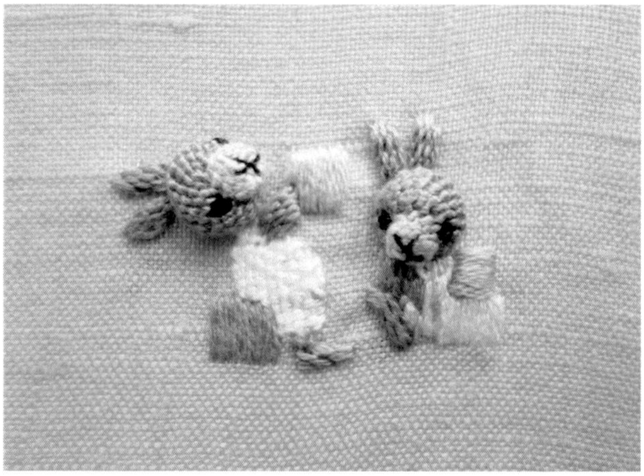

参考作品　『うさぎの庭遊び』（刺し方は載っていません）

p32、33 著者撮影

How to make

※表紙、裏表紙の図案は78、79ページ
※扉(1ページ)の図案は59ページ

Materials & Tools

道具と材料

本書で使用した、糸や布などの素材と使い勝手の良い道具を紹介します。
このページを参考にして、糸や布などは好みでアレンジしたり、使いやすい道具を見つけたり、アイデアを加えて楽しみましょう。

1　セロファン
直接トレースすると図案を写したトレーシングペーパーが破れてしまうため、図案にのせて使用します

2　トレーシングペーパー
図案を写すのに使用。図案はコピーする方法もありますが、トレーシングペーパーだと透けて見えるため、図案を配置するときに便利です

3　チャコペーパー
図案を布へ写すためのカーボン紙。手芸用なら後から水で消すことができます

4　刺繍枠
直径8㎝、１０㎝のものを使用
写真のように枠の内側に布を巻いておくと滑らず刺繍布がピンと張れます

5　ペン型チャコ
図案が消えかけたときの補足に使用

6　トレーサー(鉄筆)
図案をなぞる(トレースする)ときに使用

7　25番刺繍糸
６本の細い糸を一つにより合わせたコットン糸

※使用時は、60㎝ほどの長さでカットし、一本ずつ引き抜いて必要な本数を引き揃えて使います。
※２本引き揃えたものは「２本どり」といい、本書では刺繍糸の色番の後に(　)で本数を指示しています。

8　針・ピンクッション
針はフランス刺しゅう針を使用。初心者には、７号(２本どり)、６号(３本どり)がおすすめ。なれたら細めの８号(２本どり)、７号(３本どり)でも

9. わた
手芸用の化繊わた。作品に詰めて立体刺繍を作ります

10. 裁ちばさみ
布を裁つ専用のはさみ

11. 糸切りばさみ
糸を切る専用のはさみ

12. 刺繍布
リネンを使用します
※リネンは洗濯をすると縮むため作品を作る前には水通しが必要です。(水に数時間布を浸し、脱水、陰干しをし、乾ききらないうちに布目が直角になるようにアイロンをかける)

13.14　接着芯
薄手の綿の接着芯。刺繍布の色に接着芯の色を合わせます

※接着芯を貼る場合は、中温130℃-150℃で10秒ほどまんべんなくアイロンをあてます。
アイロン高温 ×・・・接着芯が溶ける、焦げる縮む原因になります。
※不織布の接着芯 △・・・刺繍後アイロンをかけるとしわが寄りやすい。
※刺繍の後に貼る ×・・・高さのある立体刺繍ではアイロンがしわの原因になります。

がま口を作るための道具

15. 口金
角型の口金は、丸型や楕円の口金よりも簡単に仕立てられます

16. 竹ぐし
接着剤を口金の奥まで塗るときに使用

17. 目打ち
口金に布を刺し込むときに使用

18. 紙紐
口金と布の隙間を埋めるために使用

19. 接着剤
手芸用・木工用を使用します

20. 口金つぶし
口金が抜けるのが心配な場合に、口金の角を押しつぶして固定します

仕上げのための道具

■アイロンミット
立体部分をつぶさないためにアイロンミットを使用
アイロンミットの上に刺繍面を下にして布を置き、霧吹きをして中温でアイロンをかけます。クッションなどやわらかいもので代用できます

立体刺繍に使われるステッチ

本書のモチーフを彩る5種のステッチの刺し方を下記の工程で説明します
※Sはステッチの略

[ステムステッチ]

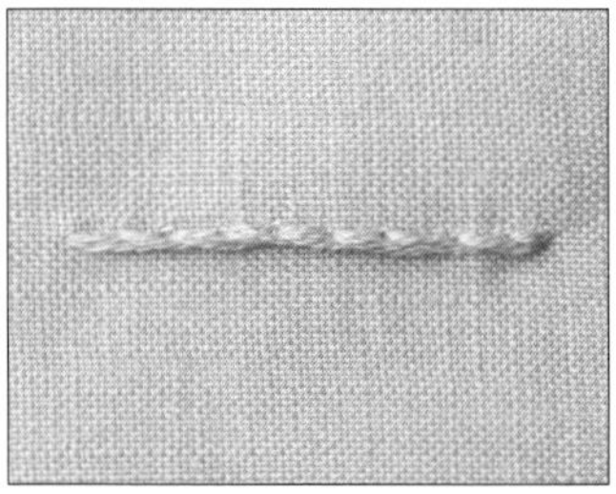

植物の茎に使われるステッチで、本書ではスパイラルトレリスステッチのベースにも使っています

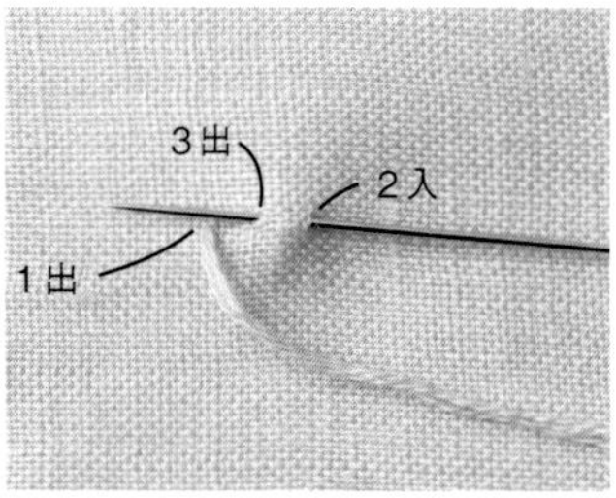

❶ 刺し始め1から糸を出し、1目分進んだ2に針を入れて半目分戻った3から針を出し糸を引きます

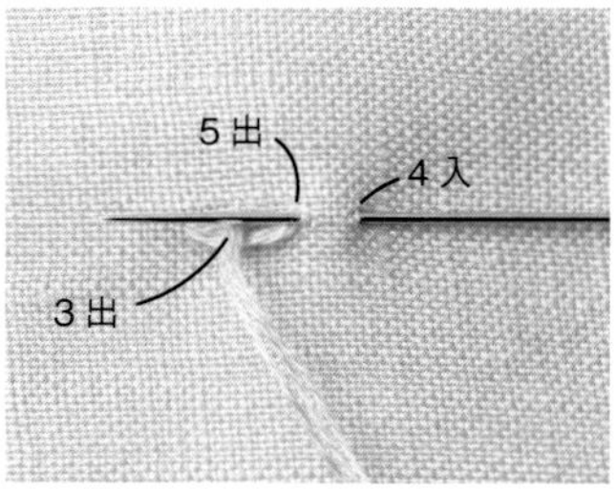

❷ 1目めと同じ長さ進んだ4に針を入れ、5から出します

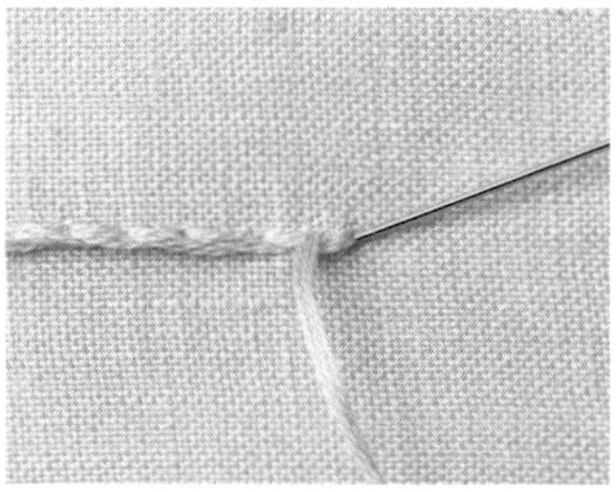

❸ 糸は常にステッチの手前において刺し進み、刺し終わりは前のステッチで糸を出した位置の際に入れます

[スパイラルトレリスステッチ]

※わかりやすいように途中から糸の色を変えていますが本来は続けて刺します

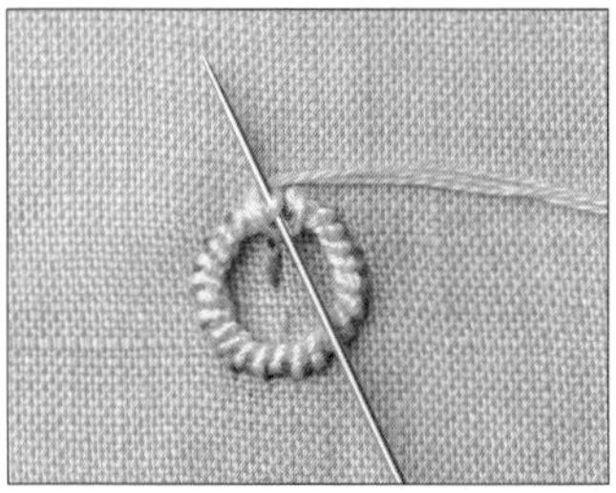

カモミールの花芯や動物の顔に使用しています。本書では、わたをつめて立体的に使っています
(写真は1段刺せて2段めに針を入れたところ)

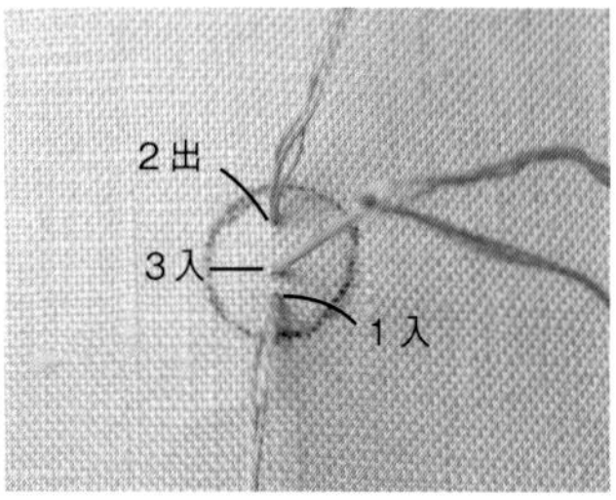

❶ 図案の円中央に針を入れ、糸端は玉結びせずに返し縫いをします

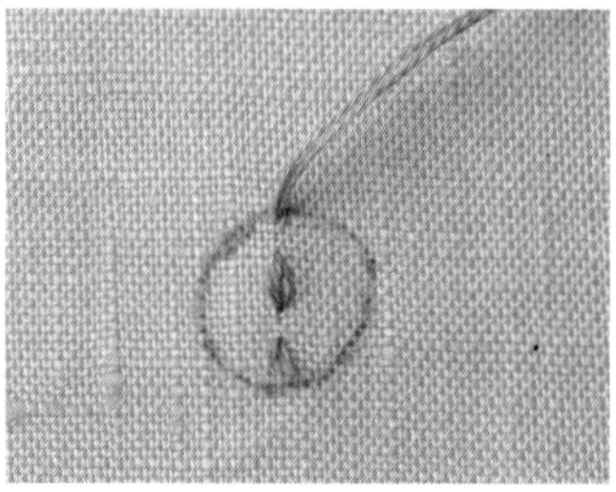

❷ 円の上部に針を出します

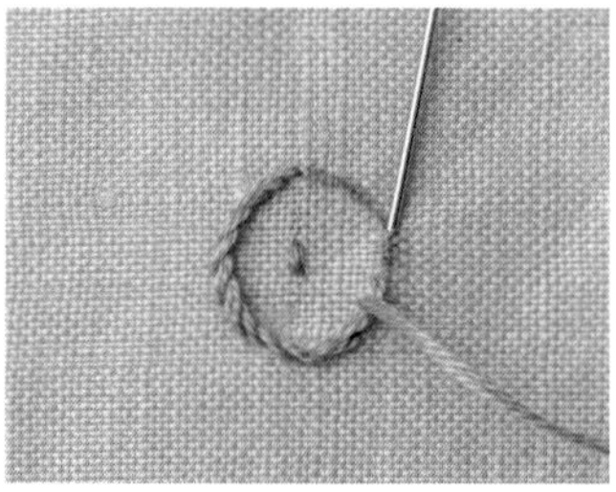

❸ 図案の輪郭をステムSで刺します
次のステッチの土台になります

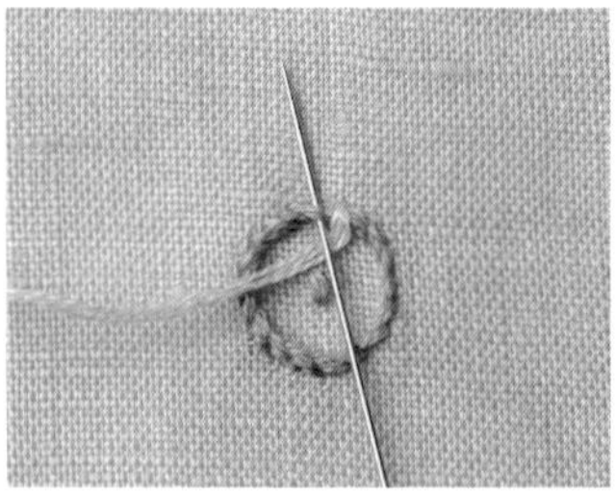

❹ 糸を出した目の左隣りに針を入れます。その際、布はすくわずに❸の糸だけをすくいます

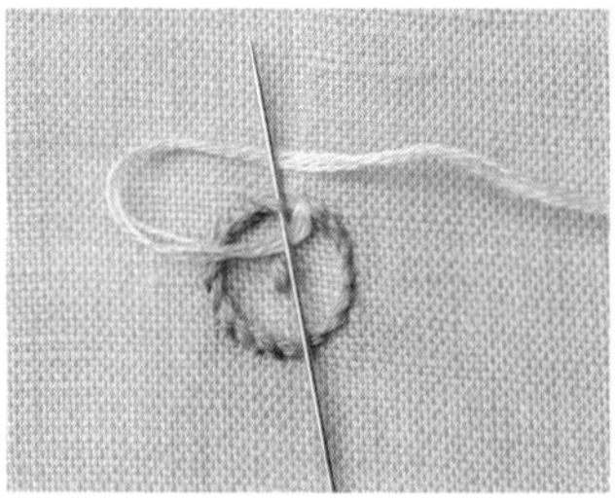

❺ 針の下に糸をおき、針に糸を時計回りにかけます

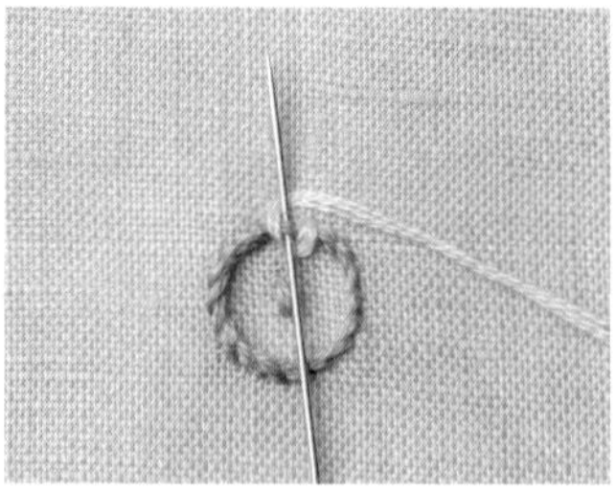

❻ 針を抜き、刺し目を作ります

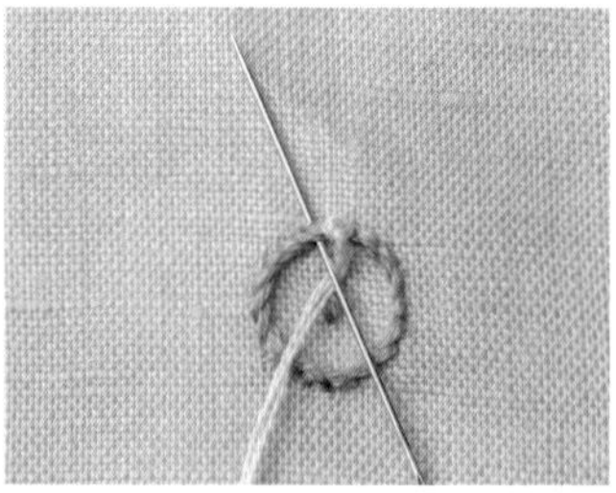

❼ 次も左隣りの目をすくい、同様に繰り返します

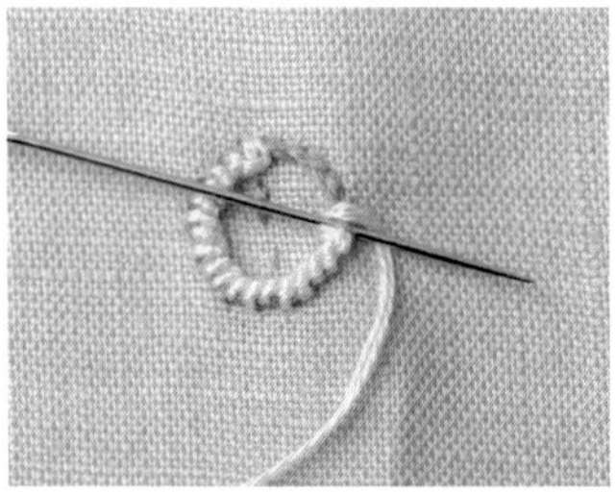

❽ 土台のステムSの間隔は気にせずに等間隔で目をすくっていきます

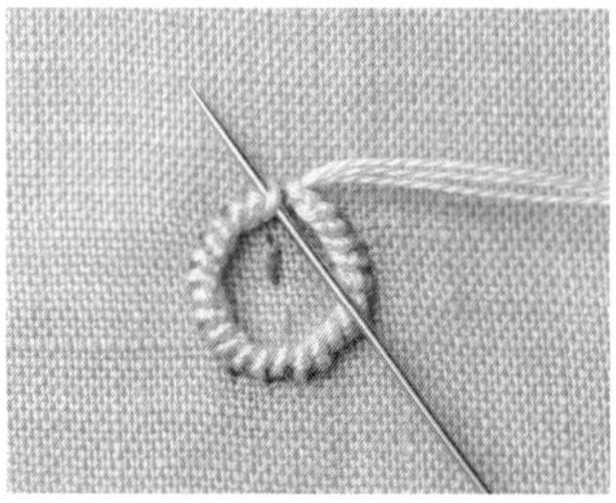

❾ 終わりは始めの目をすくって、1段めのでき上がり

[ステムステッチシェーディング]

ステムステッチを並べて刺し、面を埋めます

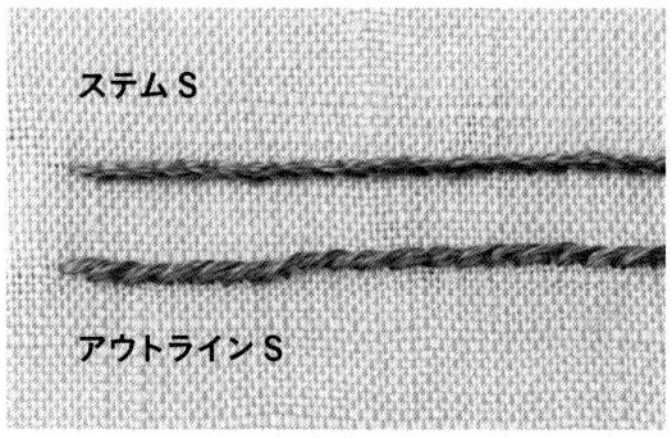

●ステムステッチとアウトラインステッチの違い

基本的には同じ要領で刺しますが、アウトラインステッチは糸を向う側において刺すので、糸の撚りが強くなり、ステッチが立ち上がる感じになります

[レイズドステムステッチ]

糸のふくらんだ様子が美しいステッチ。動物の耳に使われています

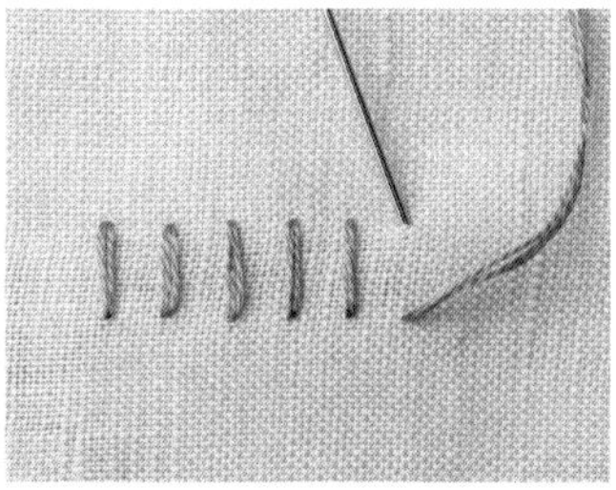

❶ ストレートSを等間隔に並べて刺します

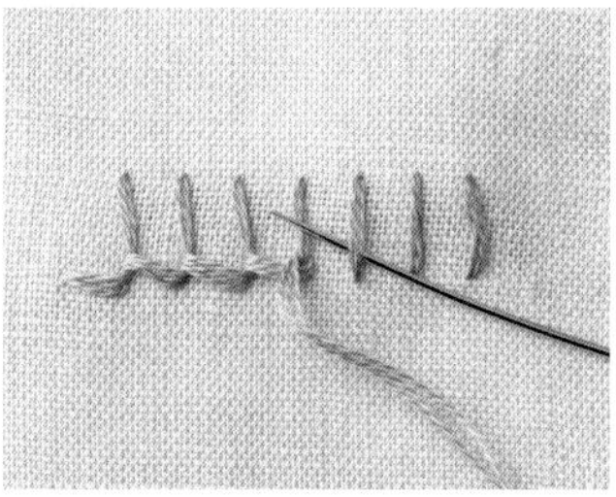

❷ 別糸で❶の糸のみを巻き戻るようにすくって刺し、ストレートSが見えなくなるまで刺し重ねます

[ダブルノットステッチ]

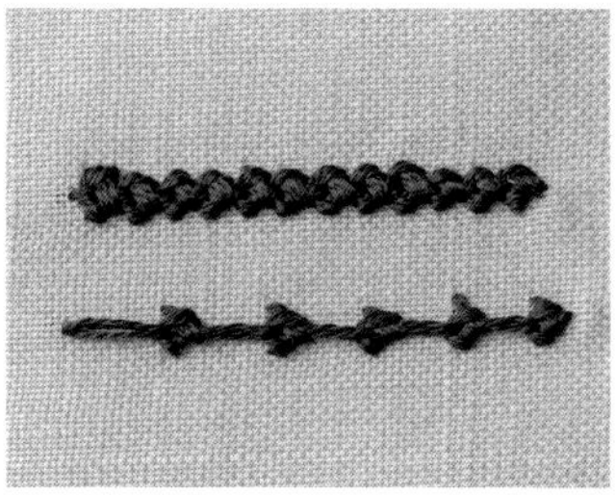

間隔の違いで異なる表現ができるステッチです。4本どり以上で存在感のあるステッチになります
上・間隔をつめたステッチ
下・間隔をあけたステッチ

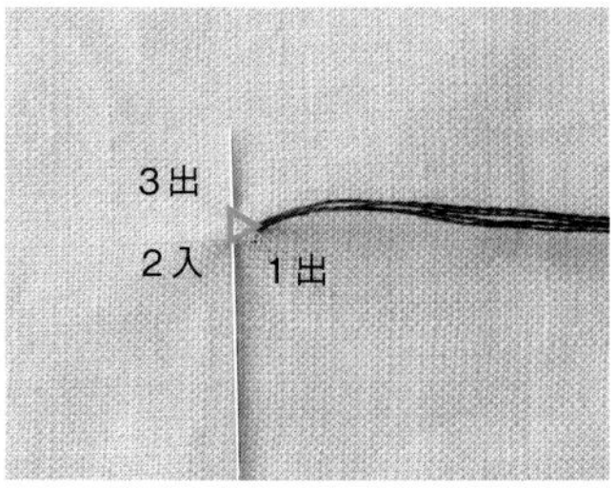

❶ 正三角形のガイドラインを引いてラインの中央から糸を出し、続けて左側に三角形になるように針を入れます

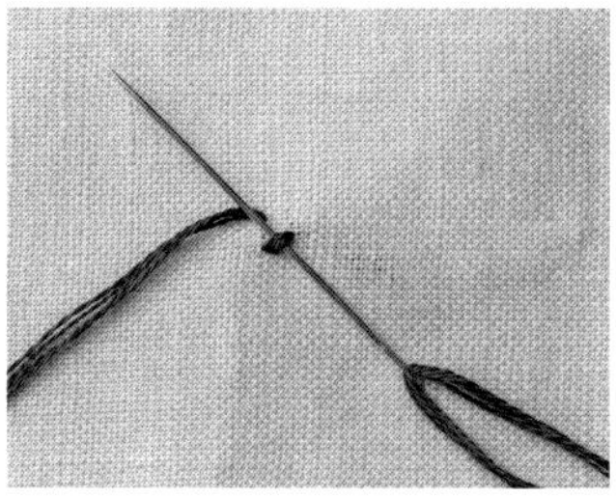

❷ 1と2の糸の間に針を通し、糸を針の下におき1個めの結び目を作ります。糸をしっかり引くと、きれいな結び目になります

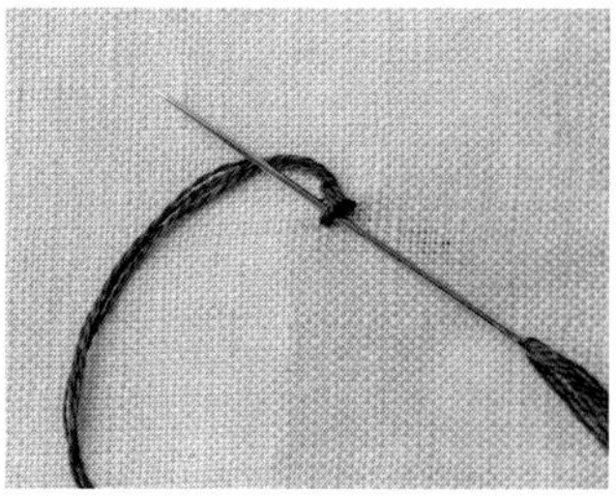

❸ 同じ糸の間に再度針を通し、糸を針の下におき2個めの結び目を作ります

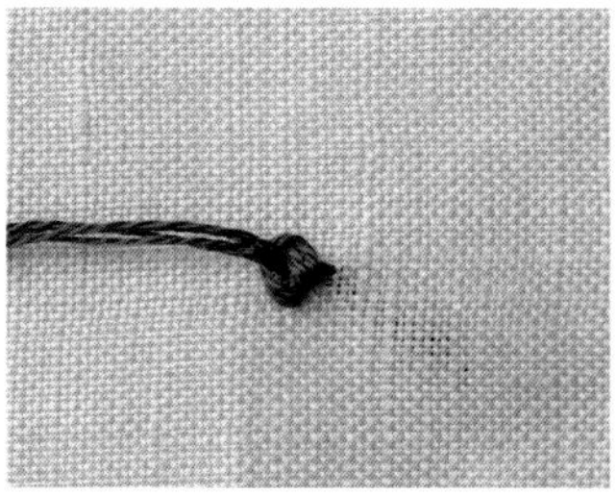

❹ ダブルノット(2つ結び)ができます

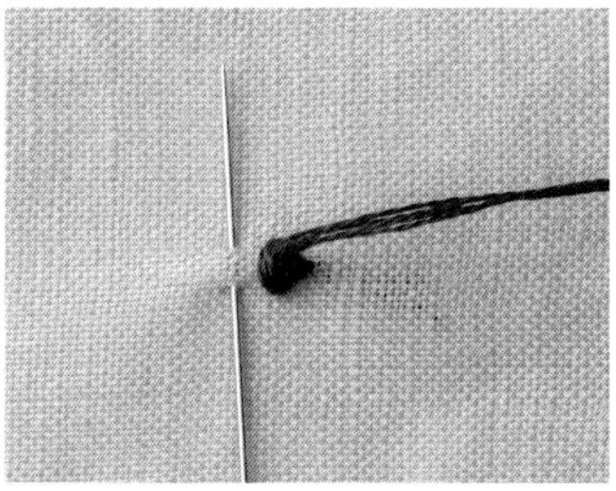

❺ 以降❶(「2入」から)〜❹を繰り返して刺し進めます

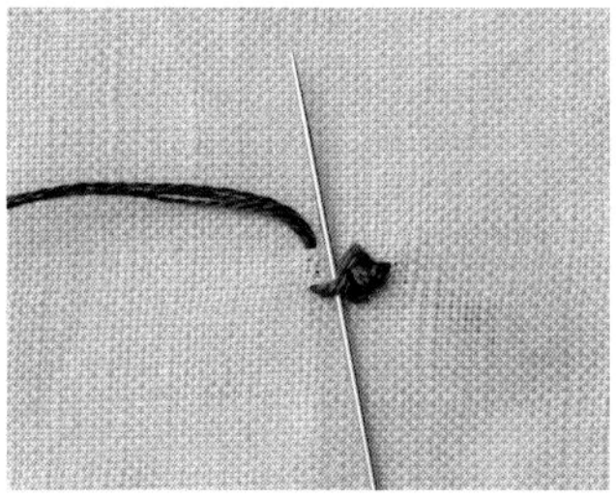

❺ 次の目に進んだところ

カモミールの刺し方

スパイラルトレリスS(→p.36参照)を数周し
わたを詰めて立体感を出します。
糸の撚《よ》りを正し、一針一針しっかりと刺し目を作ることが
きれいな仕上がりにつながります

花芯を刺す

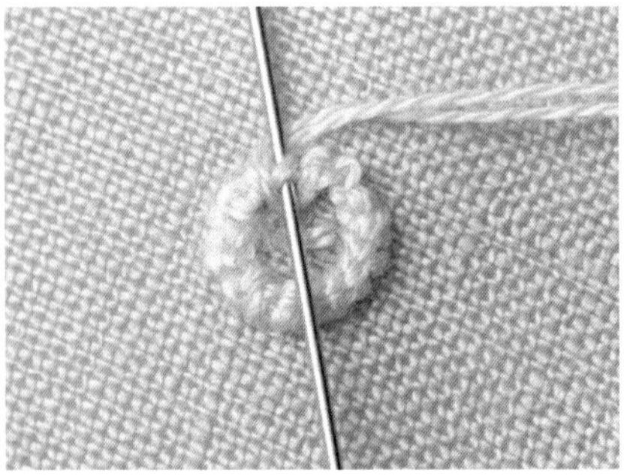

1 1段め。ステムSをベースにスパイラルトレリスS(→p.36参照)で1周刺します

2 2段め。1段めのスパイラルトレリスSの目をすべてすくって同様に刺します。写真は2周刺し終わったところ

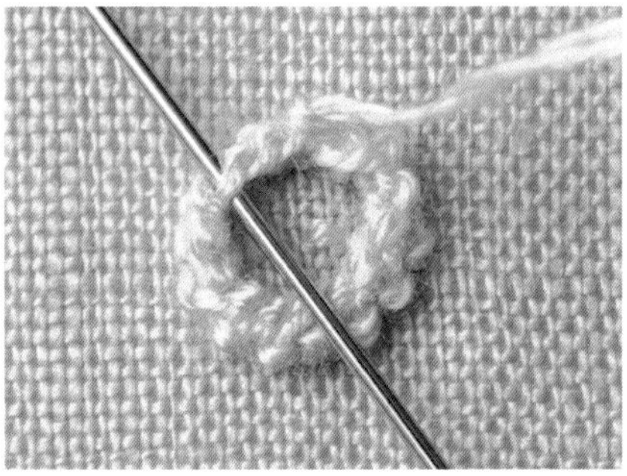

3 3段め。2段めの目を1目おきにすくって減目します

4 減目して1周すると中央の穴が小さくなります

5 高さが出たので、わたを詰めます(先の尖ったもので入れると詰めやすい)

6 わたをしっかりと詰め込みます

7 4段め。3段めの目を1目おきにすくって減目します

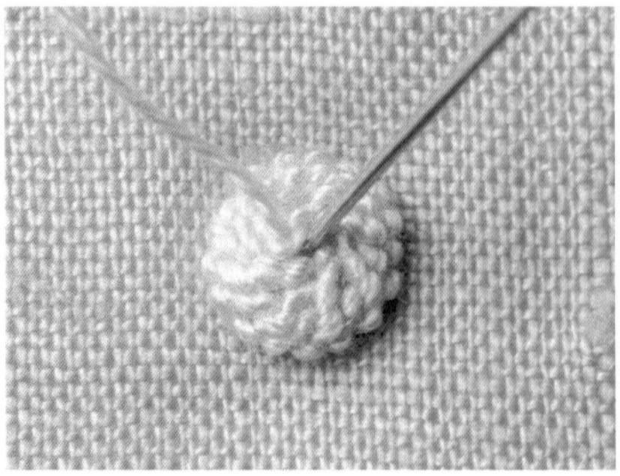

8 糸を引いて穴をとじ、中央に針を入れます

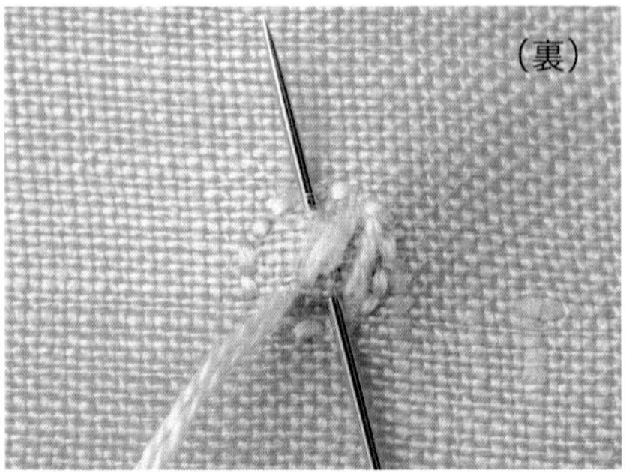

9 裏側で糸端を布に絡めて切ります

花びらを刺す

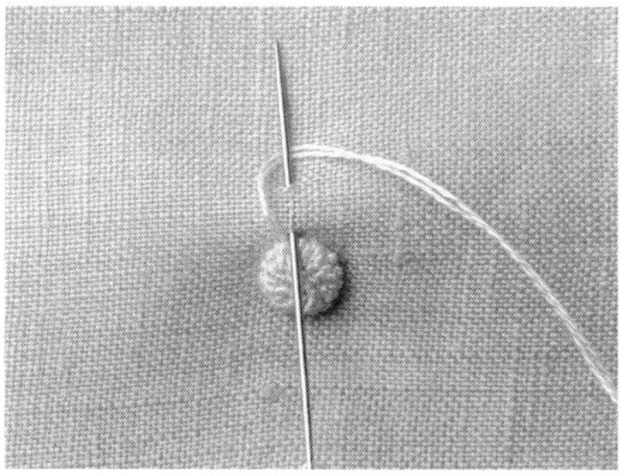

⑩ 布を上下逆に持ち替え、中央の花びらからレイジーデイジーS＋ストレートS（→p.44参照）で刺します

⑪ 糸をそろえ直し、しっかりと引くと、きれいなラインになります

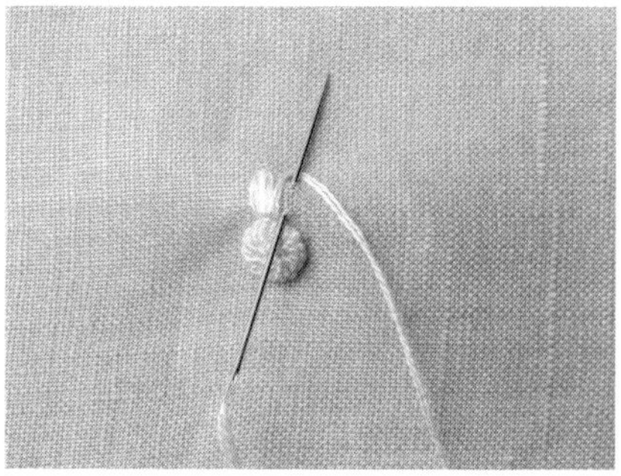

⑫ 右側に2枚刺します（端は短めにするとバランスがよい）

⑬ 左側に3枚バランスをみて刺します

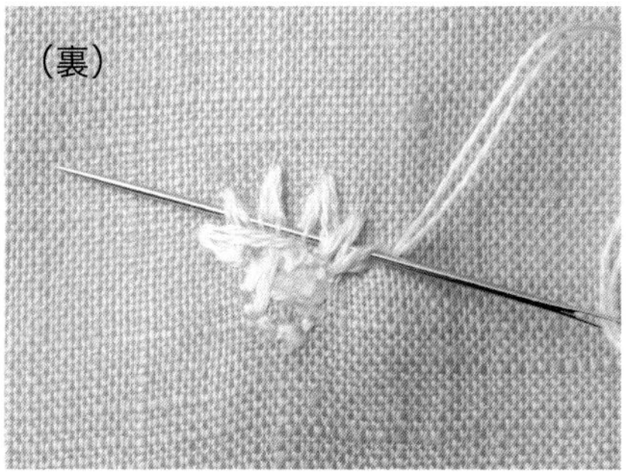

⑭ 糸端を裏糸に絡めて切ります

⑮ 布の上下を元に戻します。花のでき上がり

茎、葉を刺す

⑯ 茎をステムS（→p.36参照）、葉はフライS（→p.44参照）で刺します

⑰ 3枚の葉は、フライSを刺し留める前に写真の様に針を入れ、連続でフライSを刺します

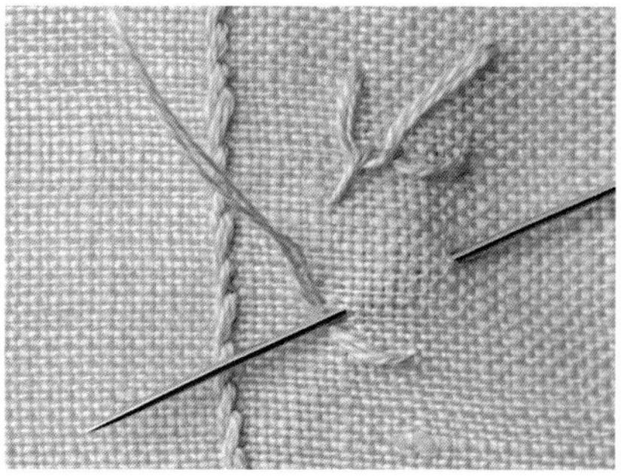

⑱ 2枚の葉はフライSを1回

⑲ バランスを見てフライSで葉を刺します

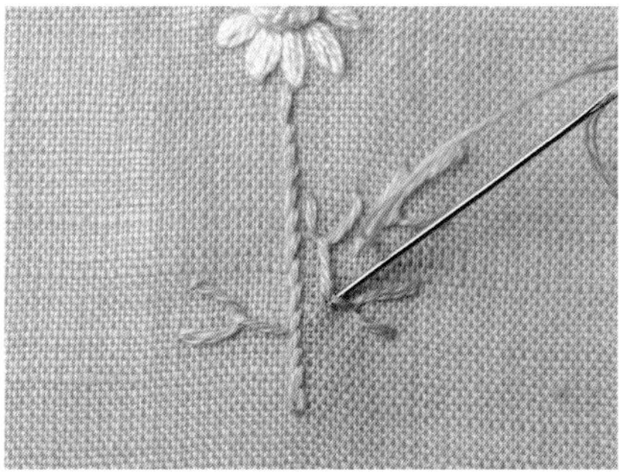

⑳ ストレートSを刺し足して茎につなげます

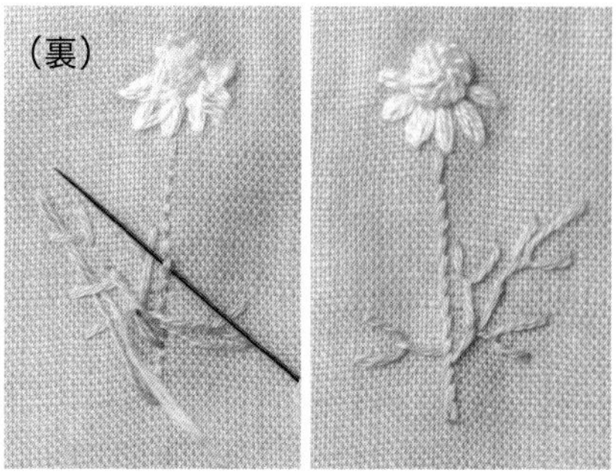

㉑ 糸端を裏糸に絡めて切ります
でき上がり

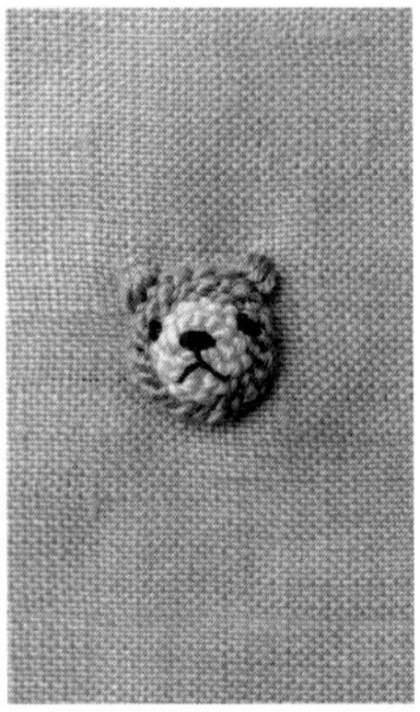

くま＆パンダの刺し方

カモミールと同様にスパイラルトレリスS(→p.36参照)を数周し、
わたを詰めて立体感を出します。
色を変えれば、くま、パンダ、しろくま、つきのわぐまに。
このページでは3本どりで説明しています
2本どりにするとスパイラルトレリスSの段数が1段多くなり
質感が変わります(→p.42参照)

※Sはステッチの略

くまの刺し方

❶ 1段め。ステムSをベースにスパイラルトレリスS（→p.36参照）で1周刺します

❷ 2段め。1段めのスパイラルトレリスSの目をすべてすくって同様に刺します。写真は2周刺し終わったところ

❸ 3段め。2段めの目を1目おきにすくって減目します

❹ 減目して1周すると中央の穴が小さくなります

❺ わたを詰めます(先の尖ったもので入れると詰め易い)

❻ 糸を替えるため針を入れ、裏側で、糸端を布に絡めて切ります※パンダの場合は糸を切らずに続けて❼を刺します

❼ 4段め。❻で針を入れた位置から、新たな糸を出しスパイラルトレリスSを刺します

❽ スパイラルトレリスSで4〜6段め(3周)をすべてすくって刺します。(減目はしない。こうすることで高さがでます)

❾ 高さが出たら、再度わたを詰めます

⑩ 7段め。前段の目を1目おきにすくって減目します

⑪ 糸を引いて穴をとじ、中心に針を入れます。裏側で糸端を布に絡めて切ります

⑫ 耳はレイズドステムS(→p.37参照)で刺します

⑬ ストレートSに4、5回巻きつけて耳の付け根に針を入れます

⑭ 反対の耳も同様に刺します

⑮ 目は2本どりの糸で1回巻きのフレンチノット(→p.44参照)を刺します

⑯ 鼻は2本どりの糸でストレートS(→p.44参照)を2回刺します

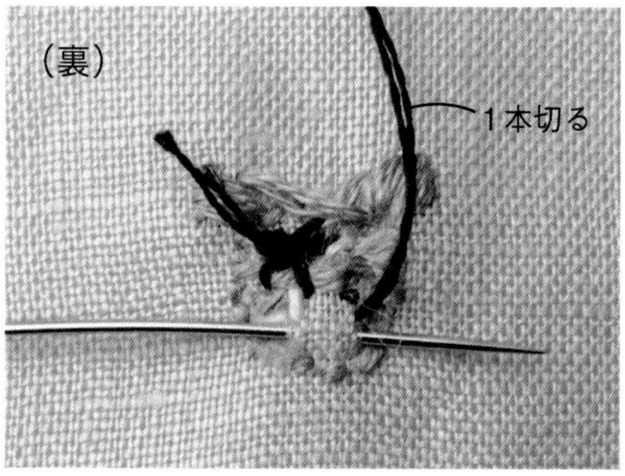

⑰ 裏側で糸を布に絡めます。次に糸端を1本だけ切り、1本どりにします

⑱ 残した1本で口を刺します。⑯のストレートSの下に糸を出します

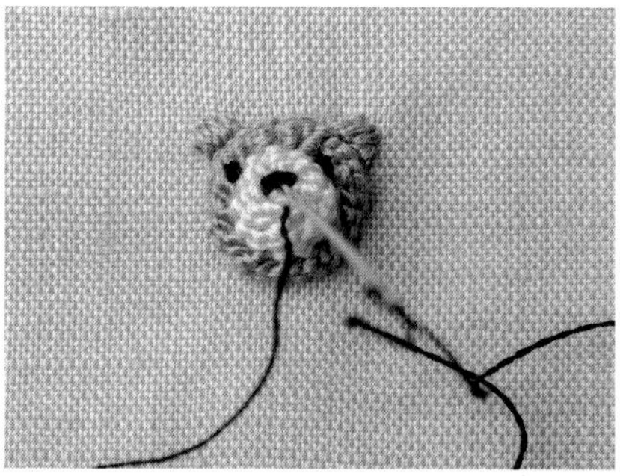

⑲ 鼻の下に針を入れ、短いストレートSを刺します。

⑳ 口をフライSで刺します

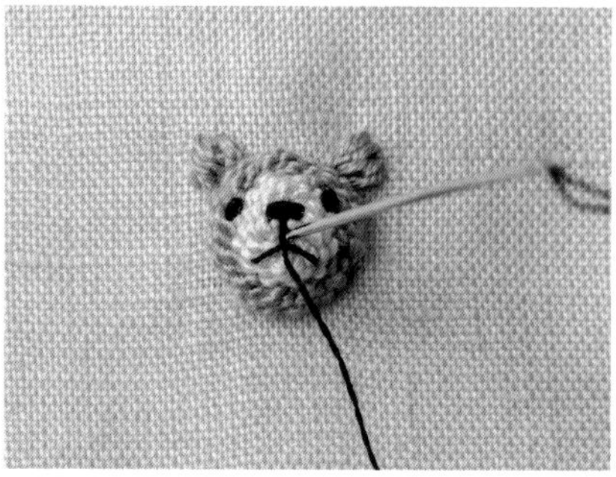

㉑ ⑱で糸を出したきわに針を入れます

パンダの刺し方

❶ くまと同様に⓮まで刺し、目を2本どりの糸でレイジーデイジーS＋ストレートS（→p.44参照）で刺します

❷ 鼻、口はくまと同様に刺します

パンダのでき上がり

小さな小さなモチーフは2本どりで

●3本どりと2本どりの違い

刺繍糸3本どりと2本どりのくまを並べました。3本どりに比べると、2本どりの顔立ちはキュッと締まって見えます
好みで糸の本数を変えてみましょう。

●2本どりのくまの刺し方

❶3段めまで3本どり（→p.40・41参照）と同様に刺し、4段めで前段の目を1目おきにすくって減目します
※色をかえる前に3本どりより1段多く刺します

❷糸を替え5～7段めは減目せずに刺します

❸8段めで前段の目を1目おきにすくって減目し、とじます
※3本どりより1段多くなります

❹3本どりと同様に表情を刺します

●2本どりのモチーフ

p.7

にっこり笑顔に

目の間隔や鼻の位置で動物の表情が変わります。楽しそうな顔にしたい場合は、口を刺したあと、口角が上がるようにストレートSを刺し足すと笑顔になります

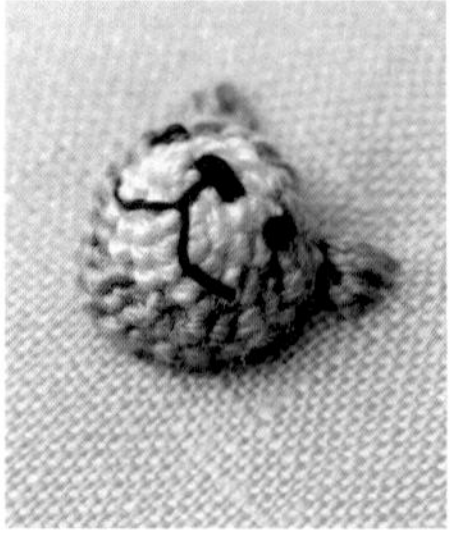

ガーベラの刺し方

花の中央が特徴的なガーベラをダブルノットS(→p.37参照)と
フレンチノット(→p.44参照)を使って表現します
4本どりにすることで立体感、存在感がアップします

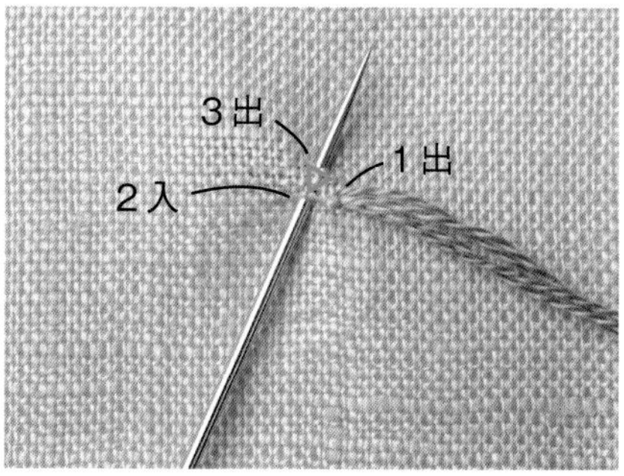

❶ 4本どりの糸でガイドラインの中央から針を出し、正三角形になるように針を入れダブルノットS(→p.37参照)を刺します

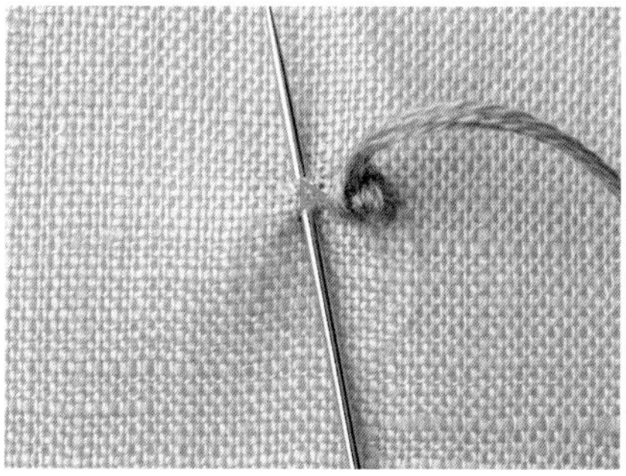

❷ 同様に結び目を頂点に正三角形になるように針を入れてダブルノットSを続けて刺します

❸ ダブルノットSで1周したら、刺し始めのきわに針を入れて、糸端を裏糸に絡めて切ります

❹ 2本どりの糸で2回巻のフレンチノット(→p.44参照)を刺します

❺ 外側から中心へ向かって刺し埋めていくときれいに仕上がります

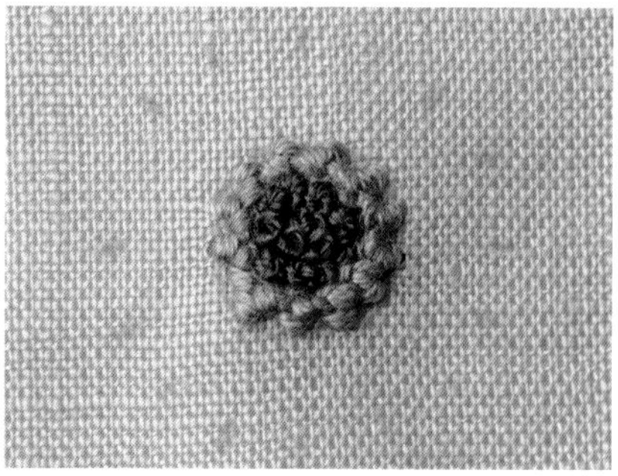

❻ 隙間があれば刺し足して埋めます

❼ 4本どりの糸でレイジーデイジーS＋ストレートS(→p.44参照)を4方向に刺します

❽ バランスを見て❼の中間を刺します

❾ 更に間を刺します。でき上がり

基本のステッチ

[ストレートステッチ]

最もシンプルなステッチ、直線を表現する際に使います

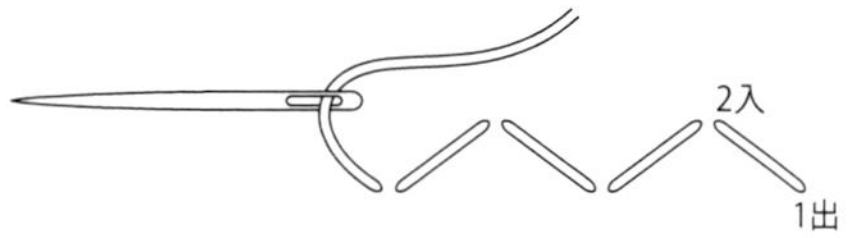

[レイジーデイジーステッチ]

葉や花びらを表現する際に使います

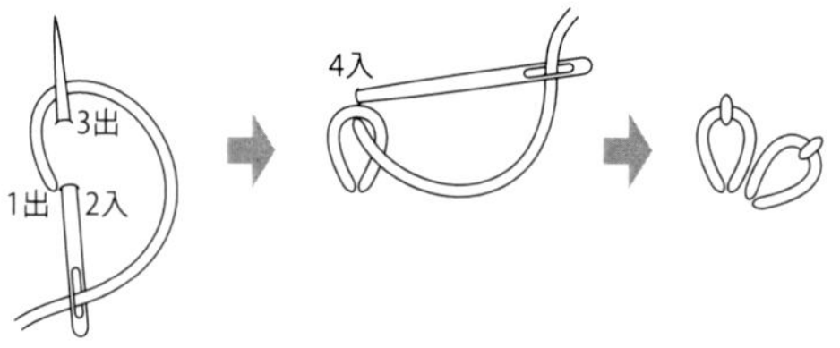

[チェーンステッチ]

レイジーデイジーステッチを連続で刺すステッチ。
本書では動物の服の風合いを表現するのに使用しています

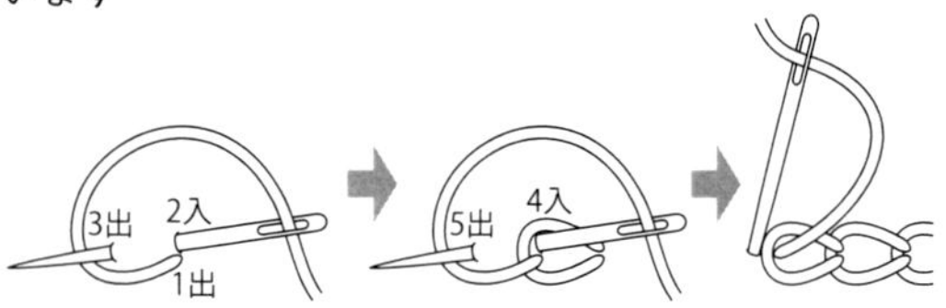

[レイジーデイジーステッチ+ストレートステッチ]

レイジーデイジーステッチの上にストレートステッチを刺すことで存在感のある楕円を表現します

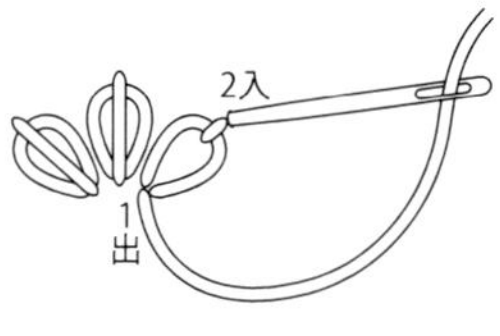

[サテンステッチ]

面を埋める際に使います。糸の撚りが均等になるように刺すときれいに仕上がります。また、埋める面の中央から左右に刺していくとバランスが取れます

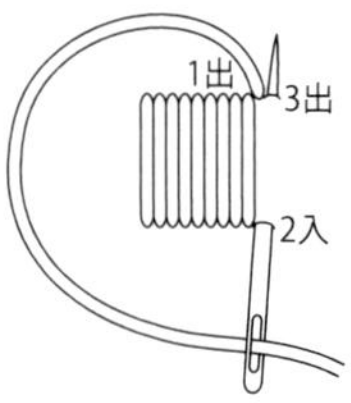

[フライステッチ]

Y字の表現に向いているステッチです。カモミールの葉の表現に使います

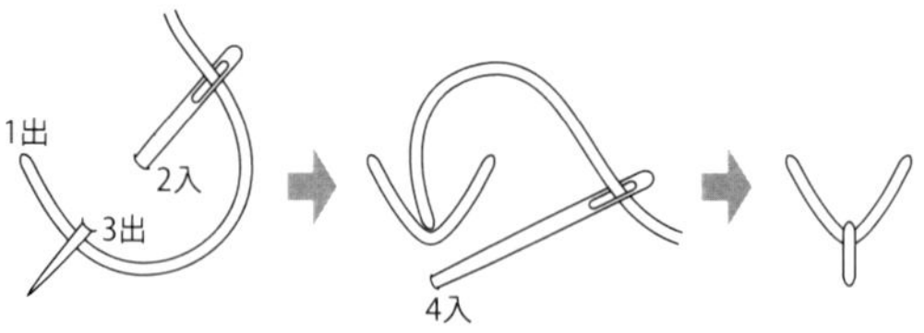

[フレンチノット]

丸い点になり、面を埋める際にも使います。巻く回数や針を引き抜く強さを調整し仕上げたい雰囲気のノットを作ります(イラストは2回巻き。くまは1回巻き)

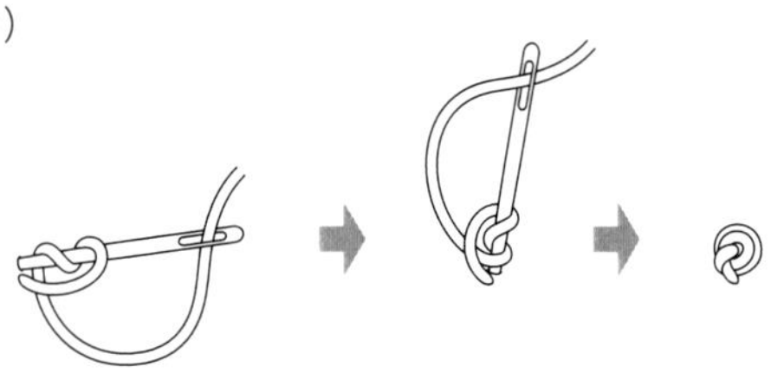

[コーチングステッチ]

2本の糸と針を使用して一本の糸をもう一本の糸で留めていきます。アイスクリームのコーンの面を埋めるときや文字を書くときに使用します

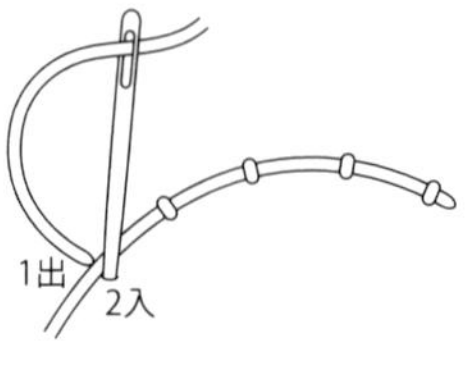

Pattern & How to make

図案と作り方

作り始める前に

このページでは主な作品に共通する決まり事を表記しました。
作り始める前に「材料と道具」(p.34・35)と併せてご覧の上、立体刺繍をお楽しみください

● 作品にはDMC25番刺繍糸を使っています
図案中の色番号はDMC独自のものであり、他社の糸にはあてはまりません
色番号後ろの(2)(3)などは、25番刺繍糸が何本どりかを表しています
ステッチ名のSはステッチの略です

● 刺繍布はプチファボリ(巻末に記載)の薄手フレンチリネンです
使用色はピスタチオベージュ、ホワイト、ネイビー、ブラック、カーキ、ライトグレーです
作品によっては張りを持たせるため、刺繍する前に接着芯(薄手の綿素材)を貼っておきましょう

● 刺し始めの糸端は玉結び、または数cm表に残し(捨て糸)後で裏糸に絡めて始末します
図案が円の場合は円中央で返し縫いをしてから輪郭をステッチ(p.36スパイラルトレリスステッチ参照)します

● 刺し終わりの糸端は裏側から糸や布に絡めて始末します
わたを詰めたステッチの場合は裏に針を出し、円中央の布にからめて糸端を切ります

● 電子書籍でお読みの方は、ページの端にある定規を参考にして実物大を計測して下さい

panda with a bag…がま口コインケース ⇒口絵 p.5

材料(2点共通)

刺繍布／薄手フレンチリネン
　25cm×15cmを2枚(外内・内布)
刺繍糸／DMC25番刺繍糸　使用色は図案参照
接着芯／薄手の綿素材　25cm×15cm(外布のみ)
手芸用化繊わた
口金／幅7.5cm×高さ3.8cm角丸型ゴールド(F18/7.5cm角丸G)
※がま口に必要な用具はp.35参照

作り方

❶ 刺繍布(外布)に接着芯をアイロンで貼る
❷ 図案とp.40 ～ 42、p.36を参照して❶に刺繍する
❸ ❷と内布を型紙どおりに裁ち、がま口に仕立てる(p.76、77参照)

でき上がりサイズ　横8cm×深さ8cm

実物大図案

●パンダ(頭、顔)の刺し方はp.40～42を参照(2本どり)
●目・鼻・口は310、口のみ1本どり

p.5 写真左

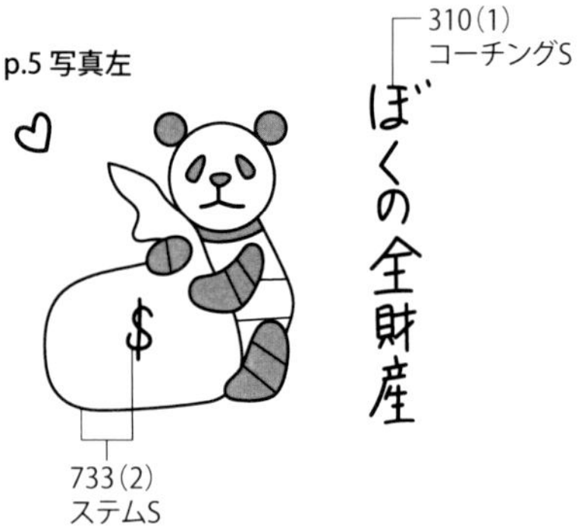

※刺し方、色は指定以外写真右と同様

p.5 写真左

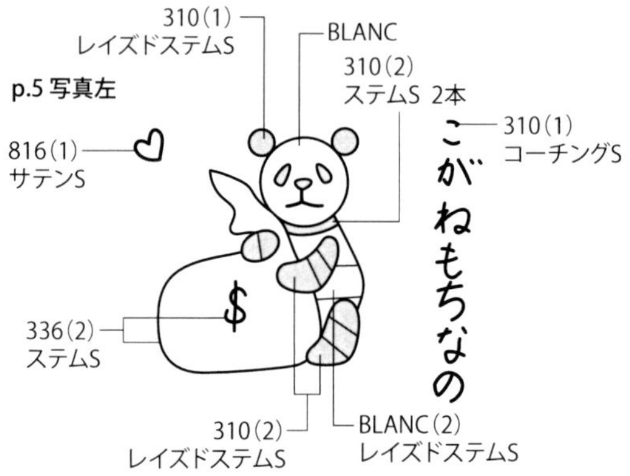

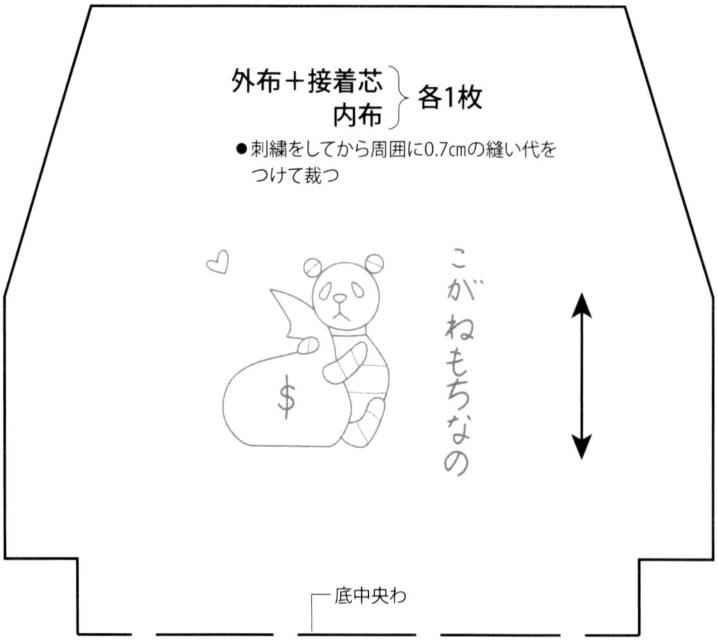

型紙・配置図

pandas & bears …くるみボタン ⇒口絵 p.6・7

材料(1個分)

刺繍布／薄手フレンチリネン　15cm×15cm
刺繍糸／DMC25番刺繍糸　使用色は図案参照
くるみボタン台／直径15mm、38mm
ビーズ／丸小　7個(15mmボタンの一部に使用)
手芸用化繊わた
革またはフェルト／ピアス、ブローチ、ヘアゴムにする際、裏面の加工に使用
※アクセサリーに加工する場合、アクササリー金具や丸ゴムを用意

でき上がりサイズ　直径15mm、38mm

作り方

❶ 図案とp.40 ～ 42、p.36を参照してリネンに刺繍する
❷ くるみボタン台のサイズに合わせて刺繍した布に折りしろをつけ、円形に裁つ
❸ くるみボタンに仕立て、必要に応じてアクセサリーに加工する(p.49参照)

直径15mmくるみボタン　実物大図案

- くま、パンダの刺し方はp.40～42を参照(2本どり)
- 糸は指定以外2本どり
- 目、鼻、口は310、口のみ1本どり

1 茶くま

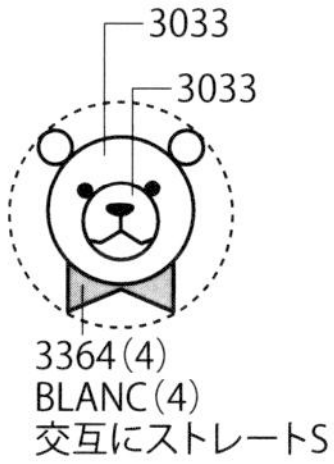

2 白くま

3 グレーくま

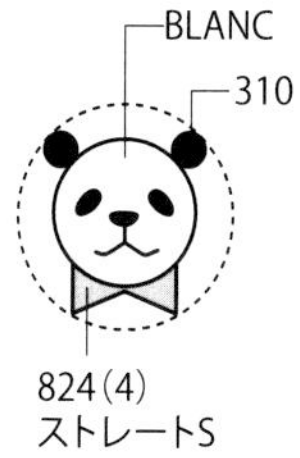

4 パンダ

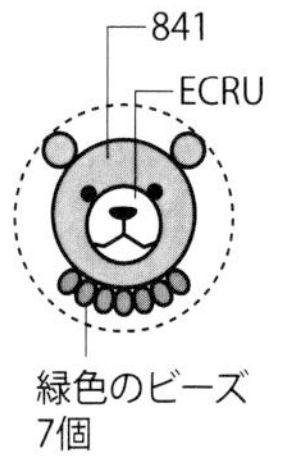

5 茶くま

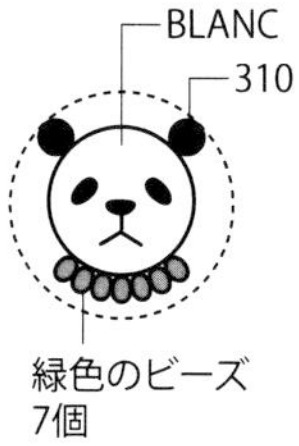

6 パンダ

りぼんの刺し方

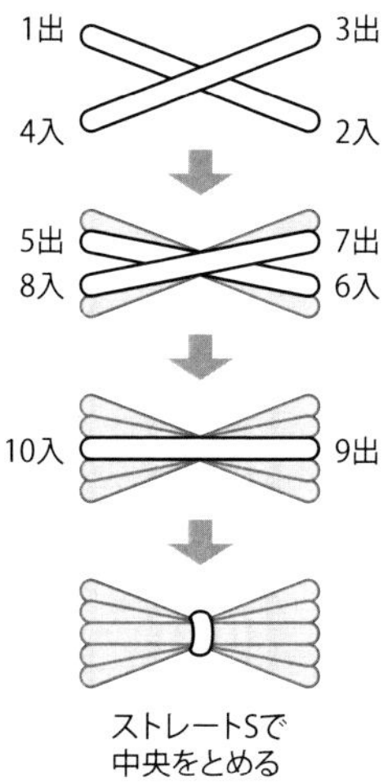

ビーズの刺し方

7個と少ないので、
まず一気に縫いつけ、
②、③のように小分けにして
しっかりとめる

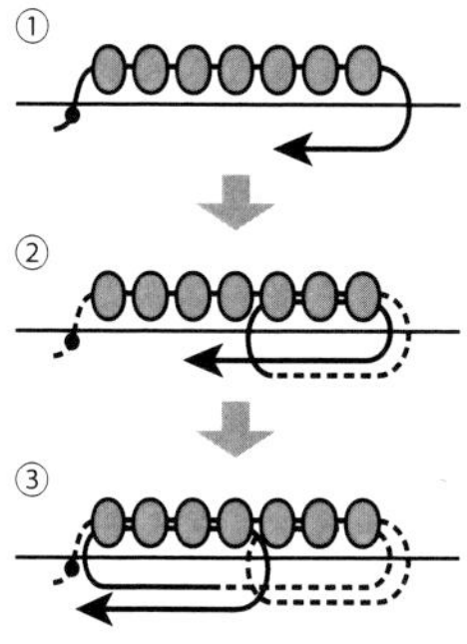

ピンバッヂの型紙
(全て同じ)

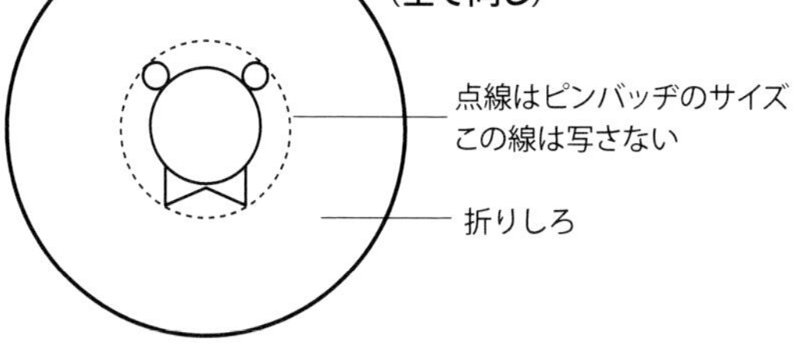

※帽子上「カモミールのくるみボタン」の図案はp.68、テントウ虫の図案はp.58参照

直径38mmくるみボタン　実物大図案

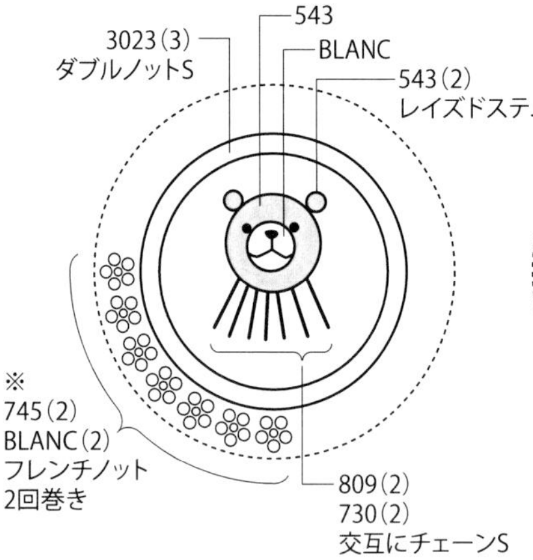

1 ベージュくま

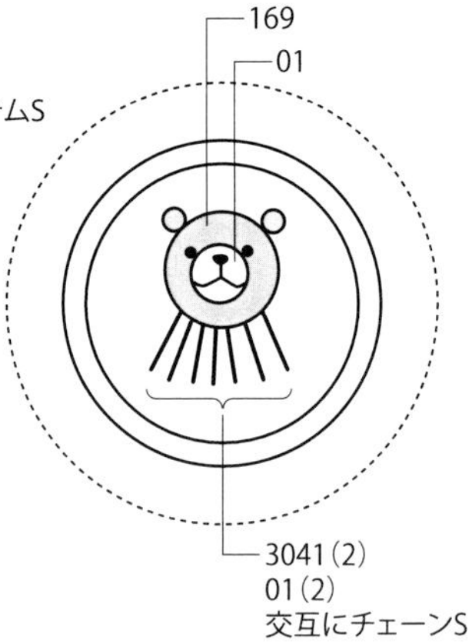

2 グレーくま

刺し方順序

①くま・パンダ刺し方はp.40〜42を参照(2本どり)
糸は指定以外2本どり　目・鼻・口は310、口のみ1本どり
※②花芯　745(2)
花弁　BLANC(2)　フレンチノット2回巻きで、花弁は5つ　1周囲むように刺す
③輪郭　3023(3)　ダブルノットSで1周刺す

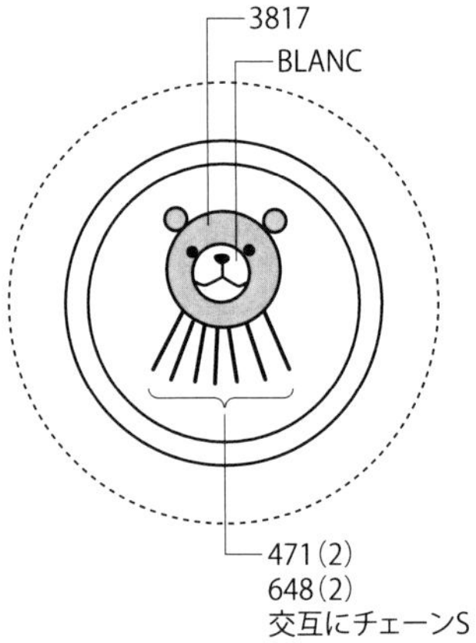

3 緑くま

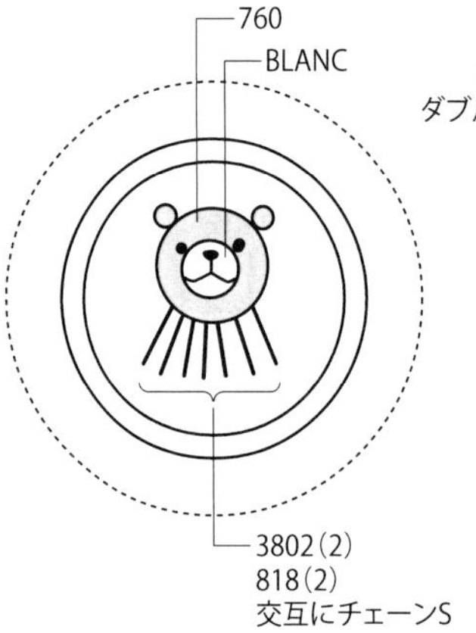

4 桃くま

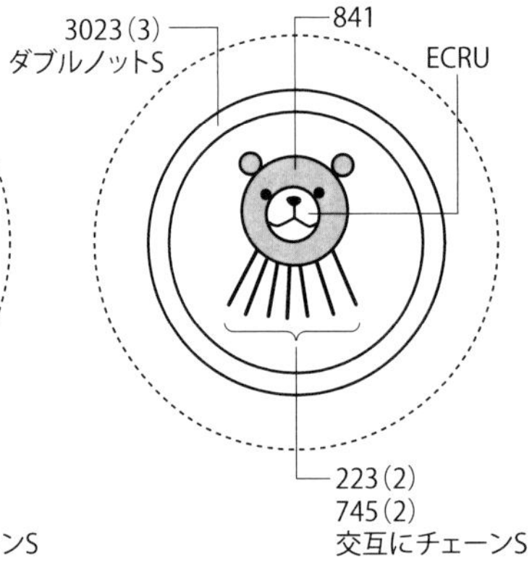

5 茶くま

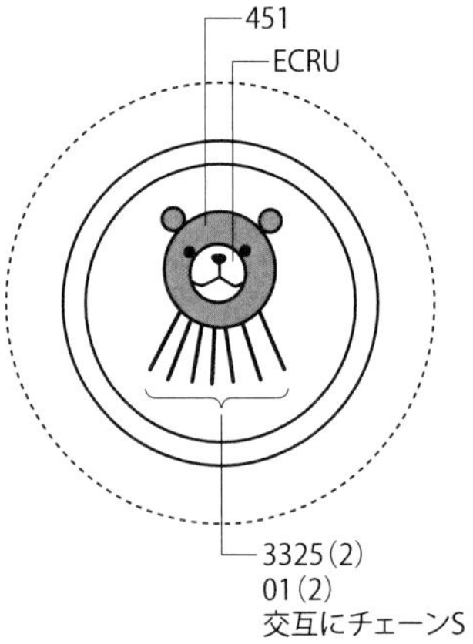

6 こげ茶くま

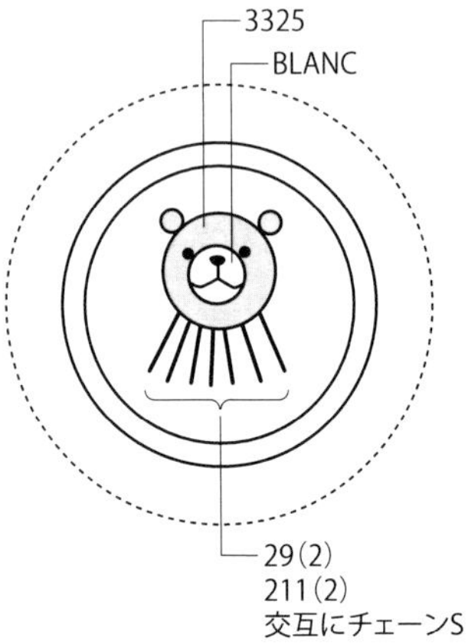

7 水色くま

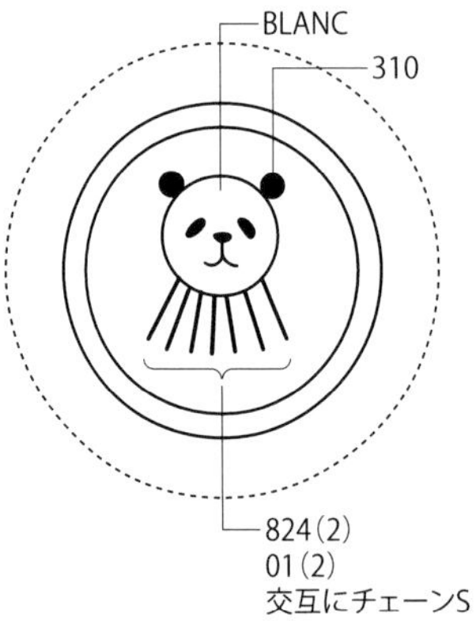

8 パンダ

9 白くま

10 ブルーくま

くるみボタン　基本の作り方

※打ち台に布が入らない場合は、
ボタンと布を両面テープで固定するとよい

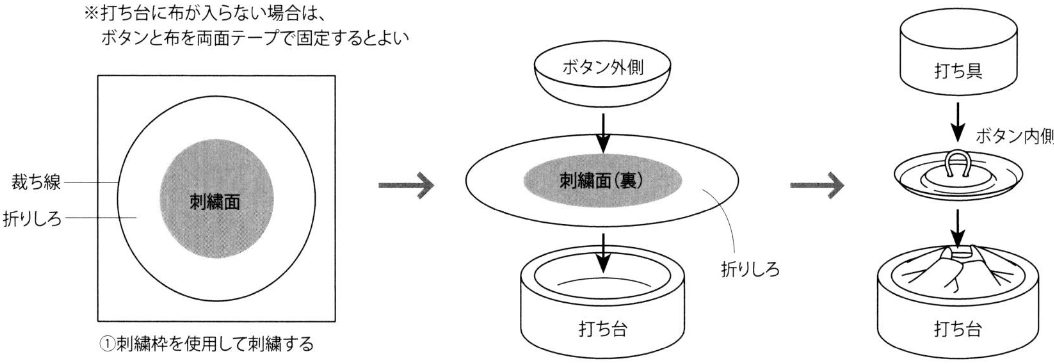

①刺繍枠を使用して刺繍する

②打ち台に刺繍した布と
ボタン外側をセットし、
折りしろでボタンをくるむ

③ボタン内側を重ね、
打ち具で押し込む

ヘアゴム

①革をボタンと同じ大きさにカットして
中央に突起部分を通す
切り込みを入れる

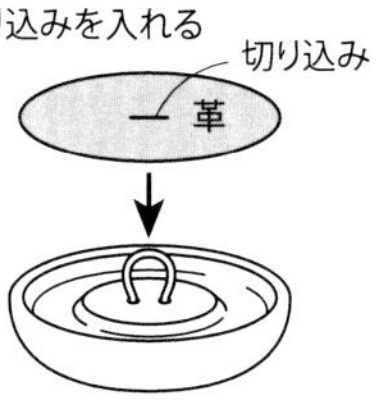

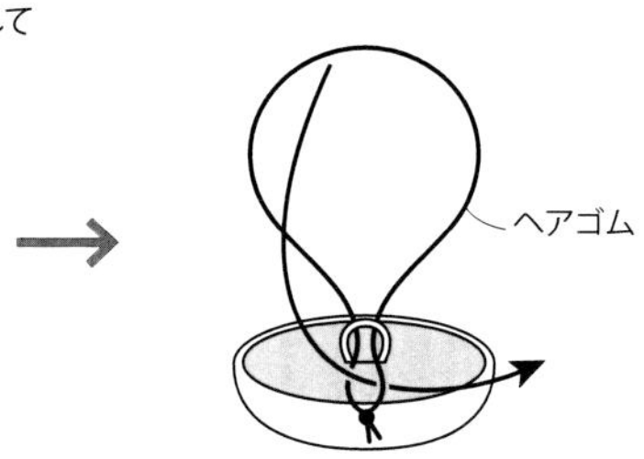

②革を手芸用接着剤で
ボタンの裏面に貼る

③ヘアゴム20cmを
輪にして通す

ブローチ

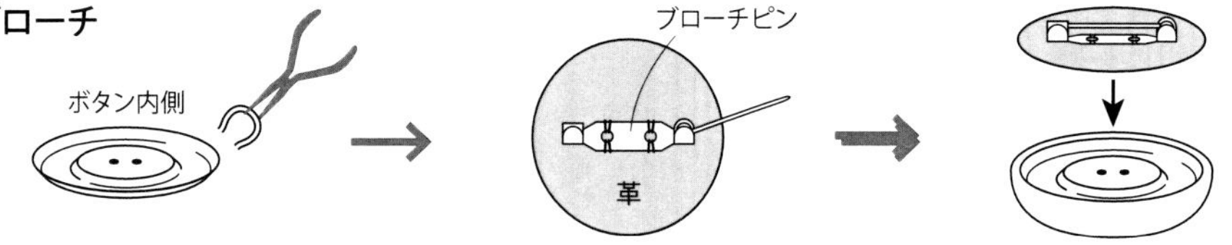

①ペンチでボタン内側の
突起部分を外す

②革をボタンと同じ大きさに
カットし、ブローチピンを
縫い付ける

③ボタンをくるみ、ボタン内側を
押し込んだら、②を手芸用接着剤で
ボタンの裏面に貼る

ピンバッジ、ピンブローチ、ピアス

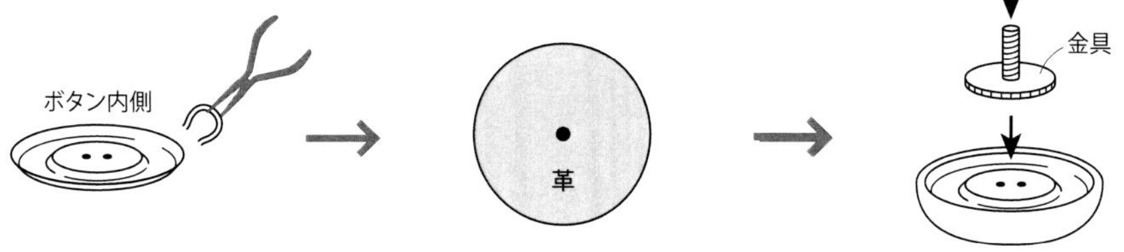

①ペンチでボタン内側の
突起部分を外す

②革をボタンと同じ大きさに
カットし、中央に穴をあける

③ボタンをくるみ、ボタン内側を
押し込んだら、ボタンと革の間に
ピンバッジ、ピンブローチ、ピアス、の金具を挟み、
手芸用接着剤で貼る

mimosa wreath with panda …まんまるきんちゃく ⇒口絵 p.8・9

材料
刺繍布／薄手フレンチリネン
23cm×40cm を 2 枚（外布・内布）
刺繍糸／DMC25 番刺繍糸
使用色は図案参照
手芸用化繊わた、丸ひも 40cmを 2 本

でき上がりサイズ　横 13cm × 深さ 16.5cm

作り方
❶ 図案と p.40 ～ 42、p.36 を参照してリネンに刺繍する
❷ ❶と内布を型紙どおりに裁ち、きんちゃくに仕立てる（p.53 参照）

実物大図案
●パンダの刺し方はp.40～42を参照（3本どり）

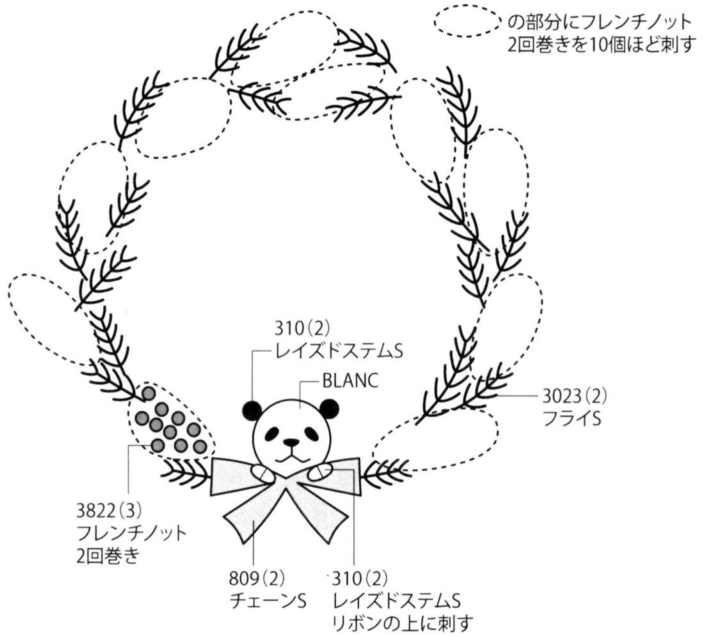

triple ice cream cones with pandas …まんまるきんちゃく ⇒口絵 p.10・11

材料
刺繍布／薄手フレンチリネン
23cm ×40cmを 2 枚（外布・内布）
刺繍糸／DMC25 番刺繍糸
使用色は図案参照
手芸用化繊わた、丸ひも 40cmを 2 本

でき上がりサイズ　横 13cm × 深さ 16.5cm

作り方
❶ 図案と p.40 ～ 42、p.36 を参照してリネンに刺繍する
アイスの刺し方は P.34 を参照
❷ ❶と内布を型紙どおりに裁ち、きんちゃくに仕立てる（p.53 参照）

アイスの刺し方順序
①2本どりで輪郭をステムS
②6本どりにかえてスパイラルトレリスS
2段めまで同じ目数で刺し
3段めから3目すくって1目とばし減目する
わたを詰めてとじる（p.38カモミールの刺し方参照）
③コーンをコーチングS（4本どりを土台にする）
④とけている部分ストレートS

実物大図案
●パンダの刺し方はp.40～42を参照（3本どり）

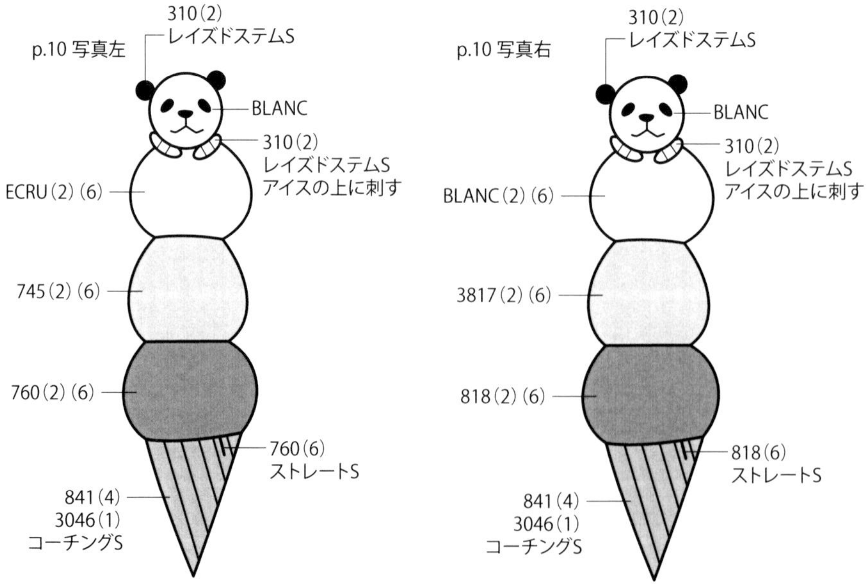

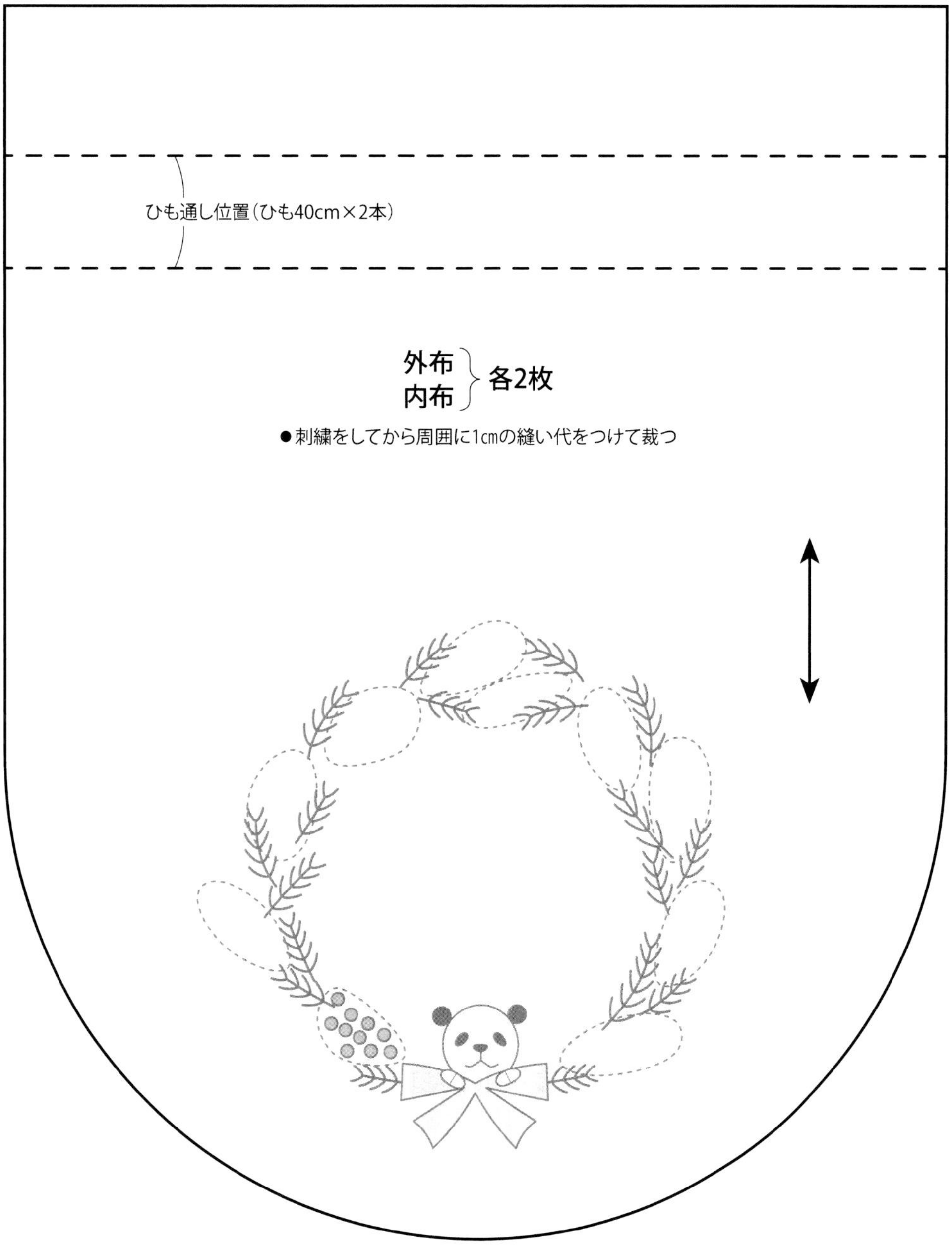
ひも通し位置（ひも40cm×2本）
外布
内布
各2枚
●刺繍をしてから周囲に1㎝の縫い代をつけて裁つ

型紙・配置図

0
1
2
3
4
5
6
7
8
9
10
11
12
13
14
15
16
17
18
19
20
21
22
23
cm

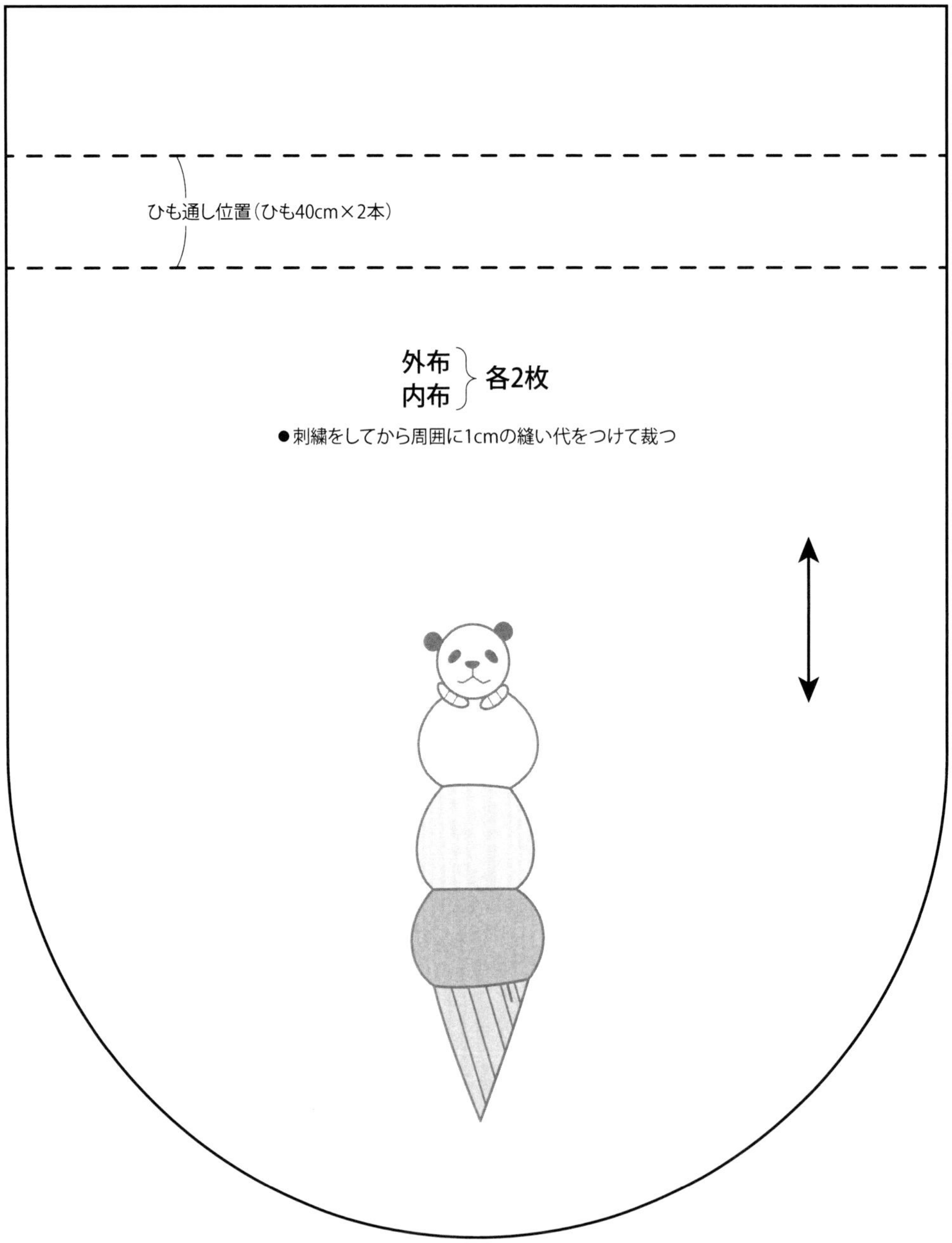

型紙・配置図

まんまるきんちゃくの仕立て方

・図中の単位はcm

①外布前面に刺繍をし、布を裁つ
（外布2枚、内布2枚）

②外布、内布を中表に合わせて入れ口を縫う

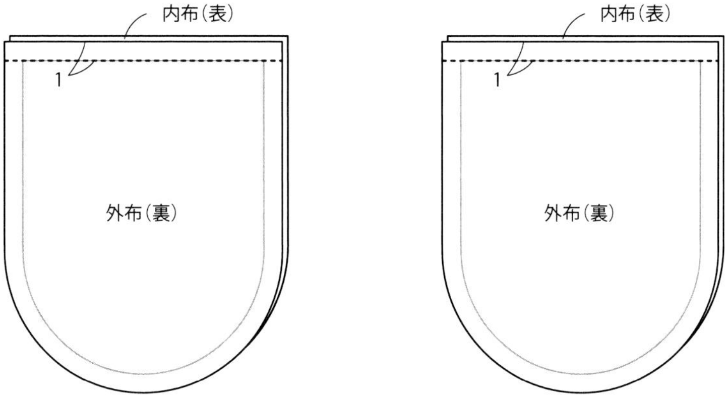

③縫い代をアイロンで割り、ひも通し位置1.5cm、返し口6cmを残し、
ぐるりと縫う。切り込みを入れる。返し口から表に返す

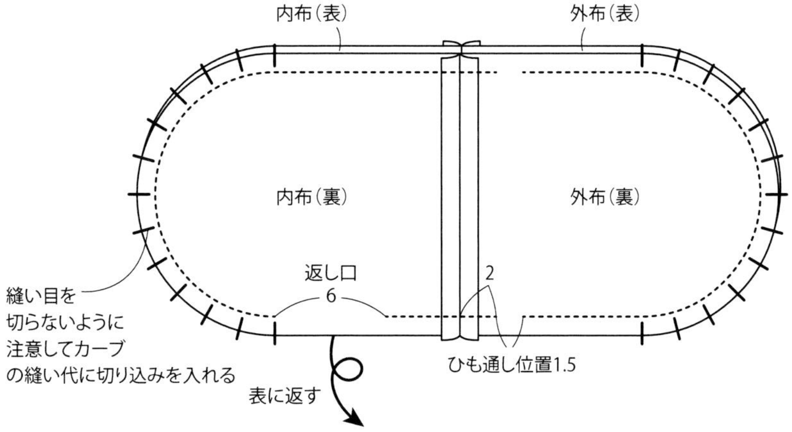

④返し口をまつりつける。
ひも通し位置をぐるりと2本縫う

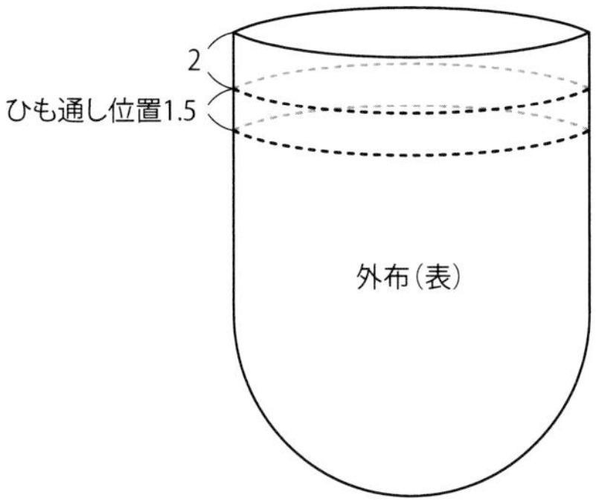

⑤丸ひもを2本通す。端を結ぶ

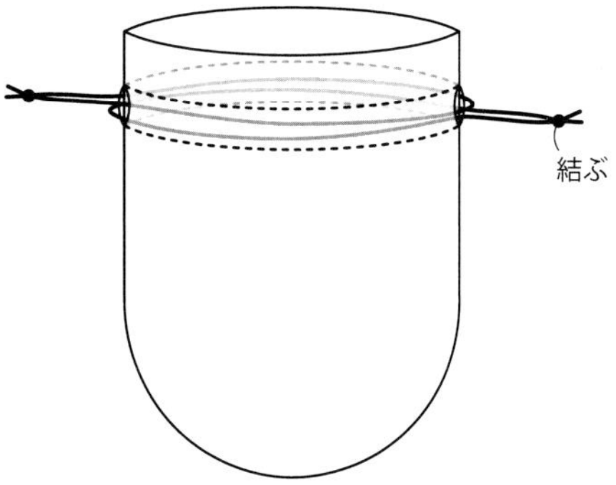

panda & bears with leaves …マチ付きポーチ ⇒口絵 p.12・13

材料

刺繍布／薄手フレンチリネン
35cm×25cmを2枚（外布・内布）
5cm×35cm（ストラップ・タブ）
刺繍糸／DMC25番刺繍糸　使用色は図案参照
接着芯／薄手の綿素材　35cm×25cmを2枚
手芸用化繊わた、20cmのファスナー、Dカン1個、ナスカン1組

でき上がりサイズ

横20cm×深さ15cm×マチ5cm

作り方

❶ 刺繍布（ストラップを除く）に接着芯をアイロンで貼る
❷ 図案とp.40～42、p.36を参照して❶の外布に刺繍する
❸ ❷と内布を寸法どおりに裁ち、マチ付きポーチに仕立てる（p.56・57、67参照）
※ファスナーを閉じた状態で縫うと表に返せなくなるので注意

実物大図案

●くま、パンダの刺し方はp.40～42を参照（3本どり）
●目・鼻・口は310、目・鼻は2本どり、口は1本どり
●りぼんの刺し方はp.47を参照

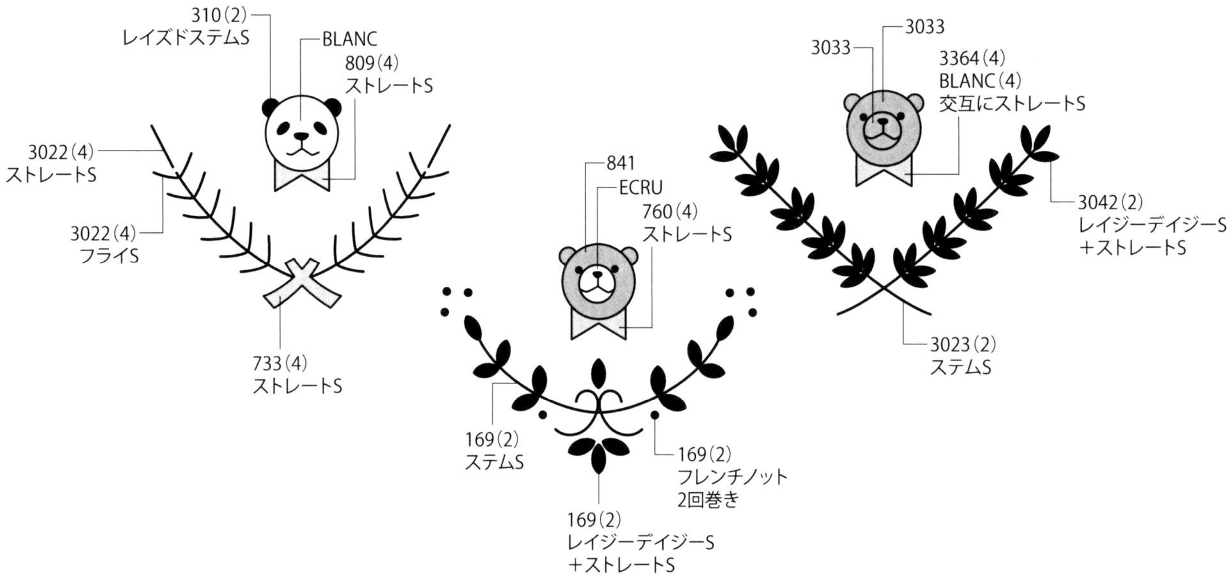

くま＆リーフ図案

フラットポーチ ⇒口絵 p.14・15

材料

刺繍布／薄手フレンチリネン
35cm×25cmを2枚（外布・内布）
5cm×35cm（ストラップ・タブ）
刺繍糸／DMC25番刺繍糸　使用色は図案参照
接着芯／薄手の綿素材　35cm×25cmを2枚
手芸用化繊わた、20cmのファスナー、Dカン1個、ナスカン1個

でき上がりサイズ

横20cm×深さ15cm

作り方

❶ 刺繍布（ストラップを除く）に接着芯をアイロンで貼る
❷ 図案とp.38～40、p.42を参照して❶の外布に刺繍する
❸ ❷と内布を寸法どおりに裁ち、フラットポーチに仕立てる（p.56・57、67参照）
※ファスナーを閉じた状態で縫うと表に返せなくなるので注意

実物大図案

●くま、パンダの刺し方はp.40～42を参照（3本どり）
●目・鼻・口は310、目・鼻は2本どり、口は1本どり
●りぼんの刺し方はp.47を参照

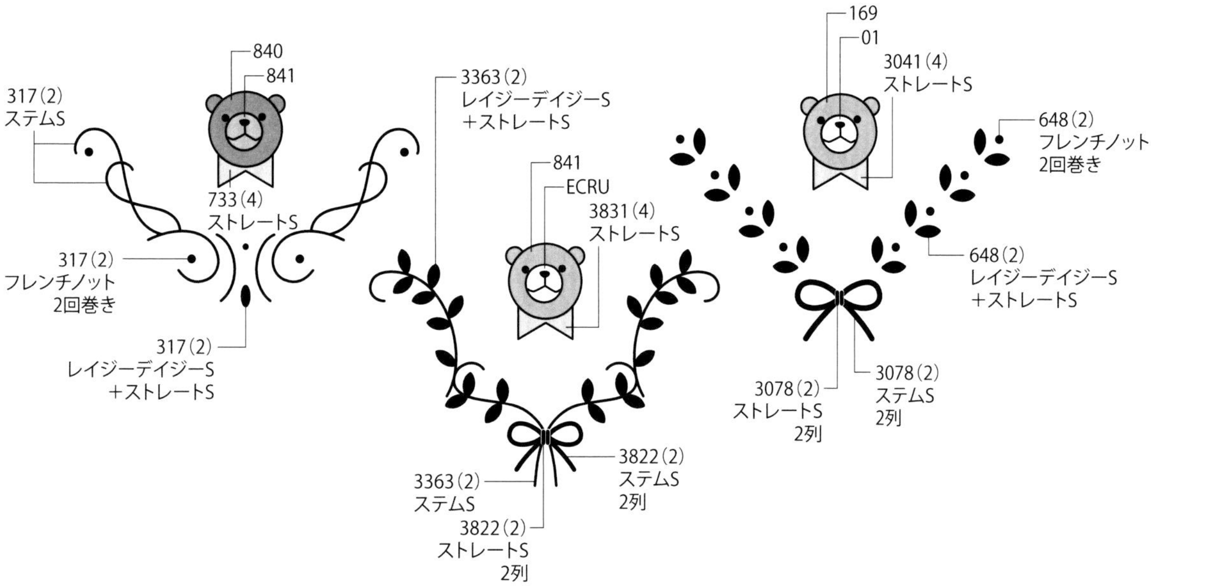

マチ付きポーチ、フラットポーチの仕立て方

・図中の単位は cm

寸法図

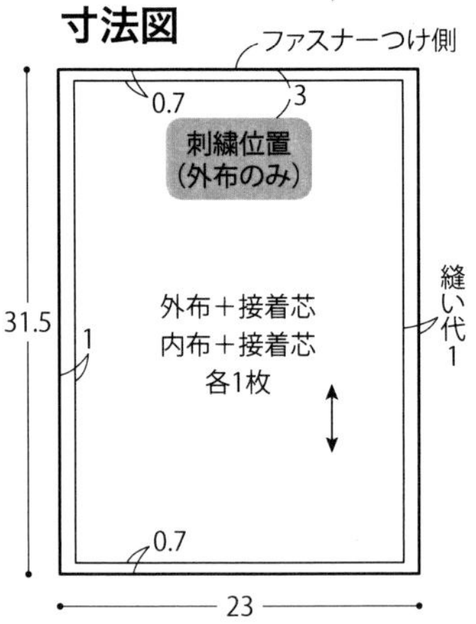

①ファスナーの下準備
角を裏側へ三角に折り、手縫いで縫い留める(4ヵ所)

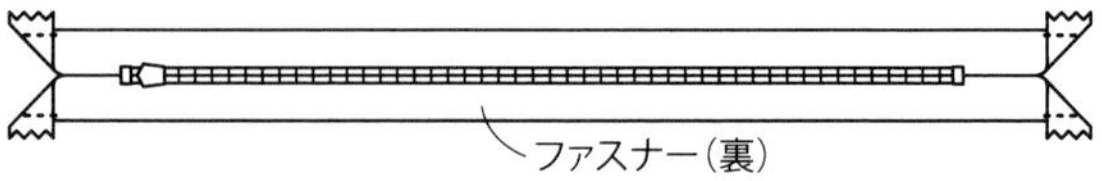

②刺繍した外布(表)に裏返したファスナーをのせ(中表)、その上に内布を中表に重ねる

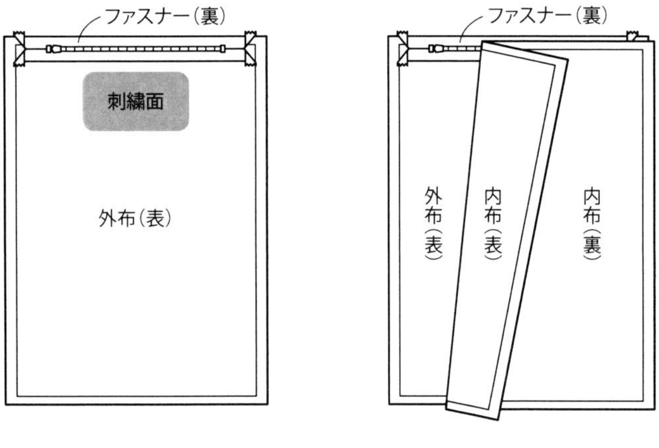

③布端から0.7cmを縫う

④表に返してアイロンをかけ、端から0.2cmを縫う

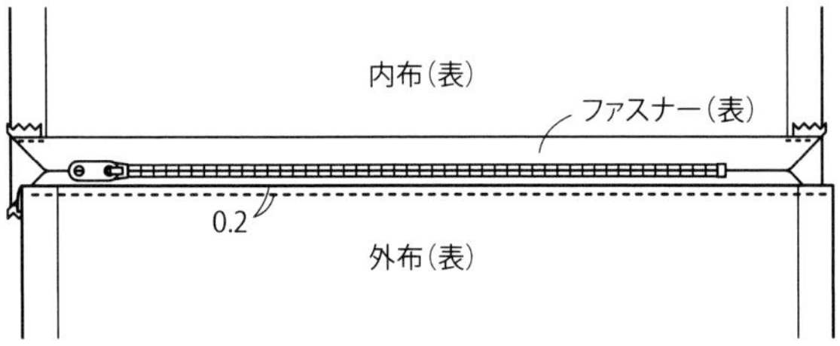

⑤ファスナーを中心に中表になるよう合わせる

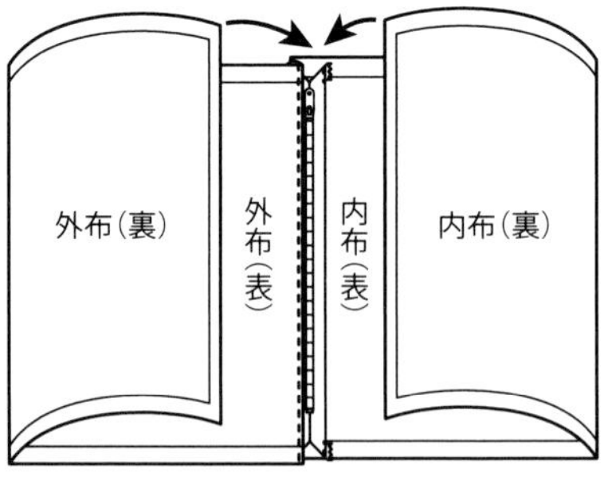

⑥布端から0.7cmを縫う

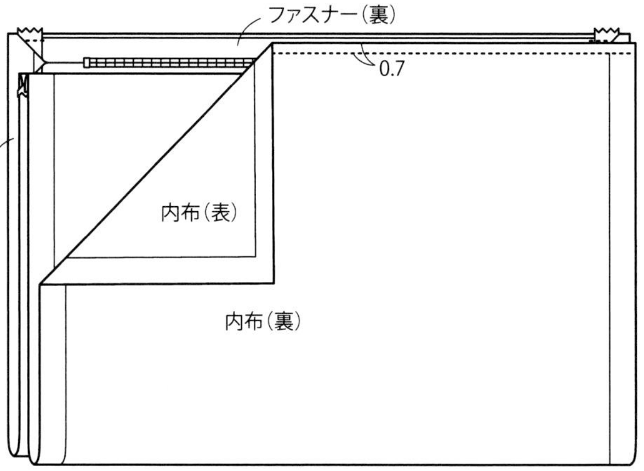

⑦ファスナーを開け、表に返し、外布と内布の布端から
0.2cmの縫い代の上を縫う（一番縫いにくい場所）

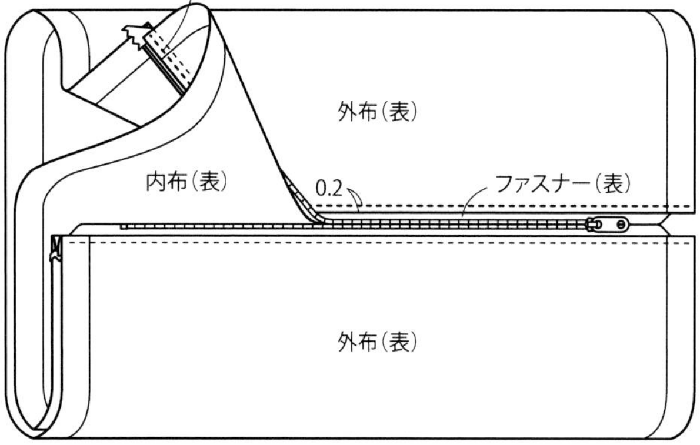

⑧ストラップ・タブを縫う（p.67参照）

⑨再度裏に返し、外布、内布をそれぞれ中表に合わせる
片側に半分に折ってDカンを通したタブをはさんで
返し口を6cm残して布端から1cm内側を縫う

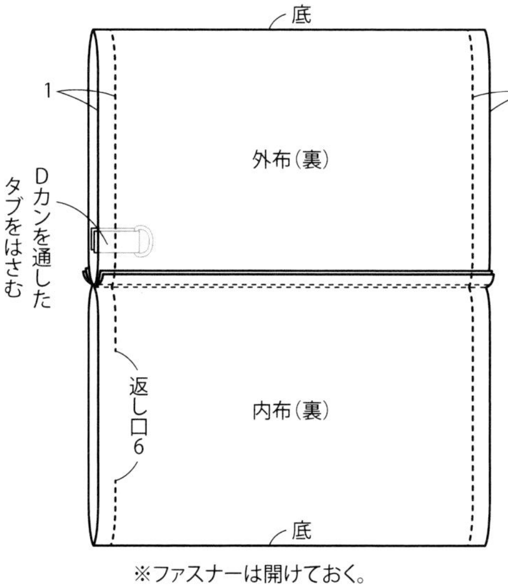

※ファスナーは開けておく。
閉めると表に返せない
※外布とファスナー位置をあわせると
きれいに仕上がる

マチ無しの場合

⑩返し口から表に返し、返し口を閉じる

マチ付きの場合

⑩底を開き、高さ2.5cm、底辺5cmのところを縫う
縫い代0.5cmを残して裁つ

⑪返し口から表に返し、
返し口を閉じる

マチ付きポーチ、フラットポーチのストラップ、タブの作り方は→ p.67

小さなモチーフ ⇒口絵 p.16・17

材料

刺繍布／薄手フレンチリネン　15cm×15cm
刺繍糸／DMC25番刺繍糸　使用色は図案参照
手芸用化繊わた

でき上がりサイズ

実物大図案参照

作り方

❶ 図案を参照してリネンに刺繍する
❷ 好みでアクセサリーなどにアレンジする(p.49参照)

実物大図案

さくらんぼ

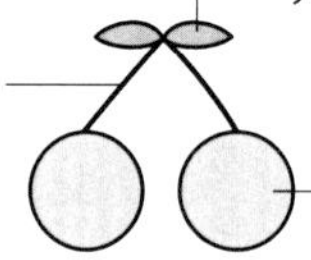

イチゴ

とうもろこし

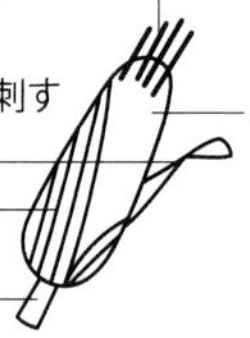

てんとう虫

とうもろこし・実の刺し方

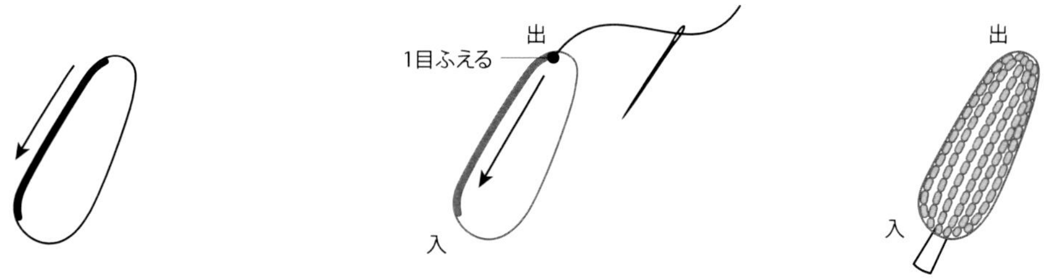

①ステムSで輪郭を1周刺す
太線を1方向に
スパイラルトレリスSする

②裏で糸を渡して往復し、
刺し始めの先から針を出し、
始めの目に入れる
2段めの刺し始めが1目増える

③右側の輪郭まで刺したら
右端が浮いている状態で
わたを詰める。
①で刺した輪郭にそって
かがりとめ、上からひげや皮を刺す

てんとう虫のピアス、ピンバッジ　15mmくるみボタン

型紙

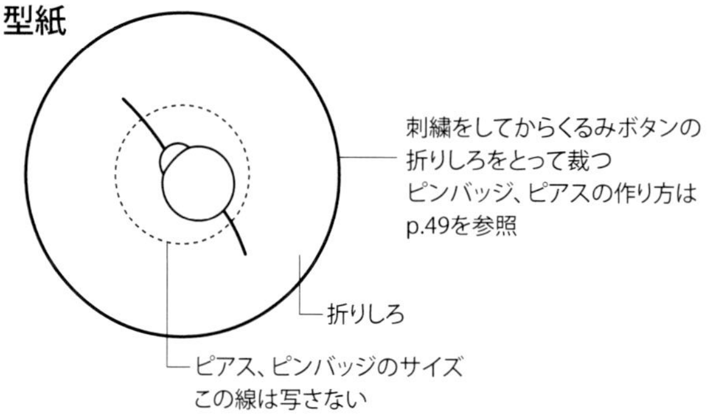

扉(p.1)の実物大図案

- くま・パンダの刺し方はp.40〜42を参照(2本どり)
- 目・鼻・口は310、口のみ1本どり

※カモミールの刺し方はp.38・39参照

- 糸は指定以外2本どり

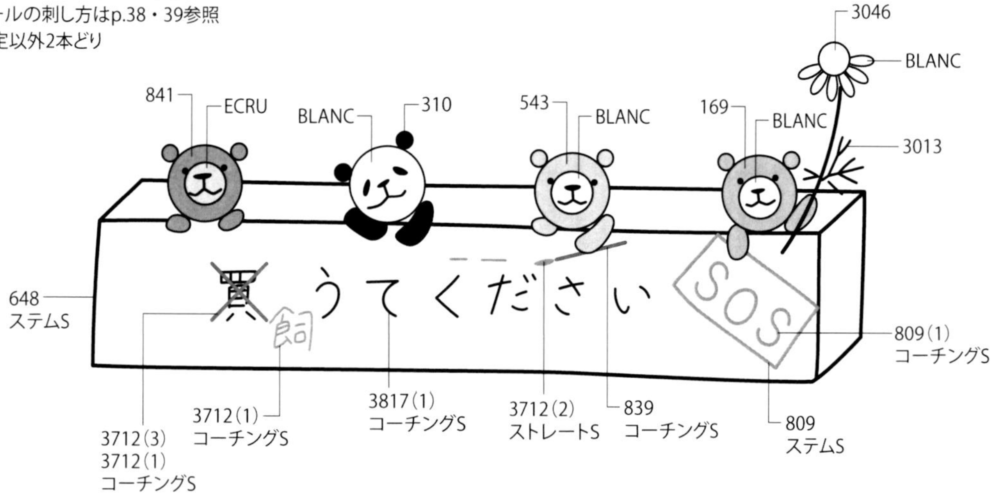

gerbera daisies ⇒口絵 p.18

材料

刺繍布／薄手フレンチリネン　31cm×23cm

刺繍糸／DMC25番刺繍糸　使用色は図案参照

でき上がりサイズ

刺繍面21cm×9cm

作り方

図案とp.43、37を参照して

リネンに刺繍する

りぼんの刺し方

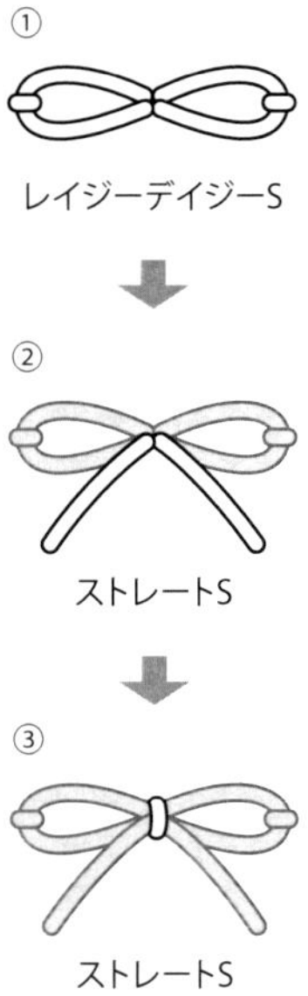

実物大図案

sunflowers …がま口ポーチ ⇒口絵 p.19

材料

刺繍布／薄手フレンチリネン
32cm×32cm（外布・内布）を2枚
刺繍糸／DMC25番刺繍糸
使用色は図案参照
接着芯／薄手の綿素材　32cm×32cm
（外布のみ）
口金／幅18cm×高さ4.5cm角丸型
ゴールド（F25/18cm角丸BGL）
※がま口に必要な道具はp.35参照

でき上がりサイズ

横18cm×深さ11cm

作り方

❶ 刺繍布（外布）に接着芯をアイロンで貼る
❷ 図案とp.43、p.37を参照して❶に刺繍する
❸ ❷と内布を型紙どおりに裁ち、がま口に仕立てる（p.76、77参照）

型紙・実物大図案

※使用色番号はひまわりの色番号です
ガーベラの色番号はp.58参照

flower alphabet ⇒口絵 p.20・21

材料
刺繍布／薄手フレンチリネン
31cm×23cm
刺繍糸／DMC25番刺繍糸
使用色は図案参照

でき上がりサイズ
実物大図案参照

作り方
図案とp.38・39を
参照してリネンに
刺繍する

実物大図案

- 花はAを参照して同様に刺す
- アルファベットは、ステムSシェーディング(2)、又はステムS(2)
- カモミールの刺し方はp.38・39を参照
- ⬭は花びらが紫色の花。"A"を参照

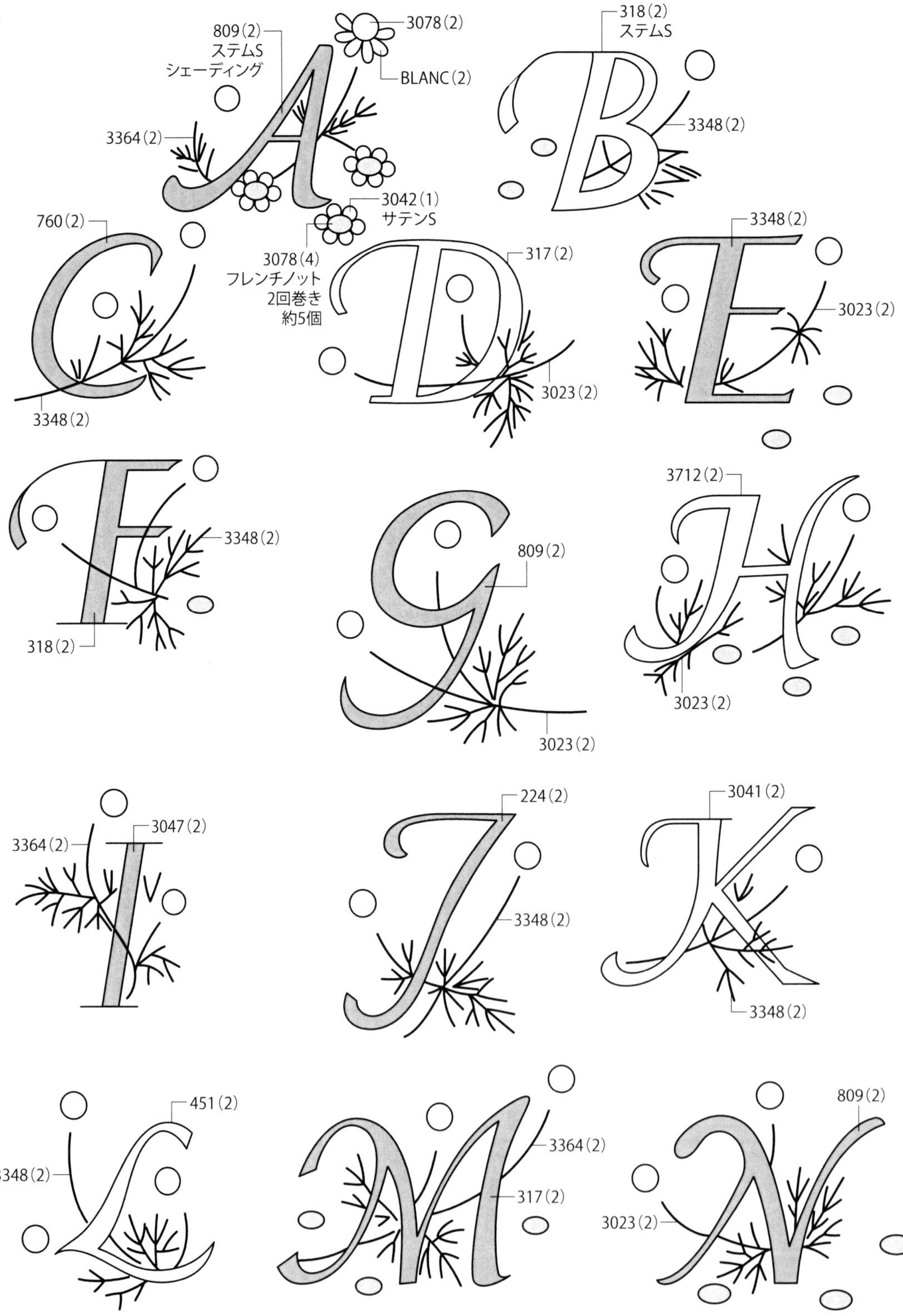

実物大図案

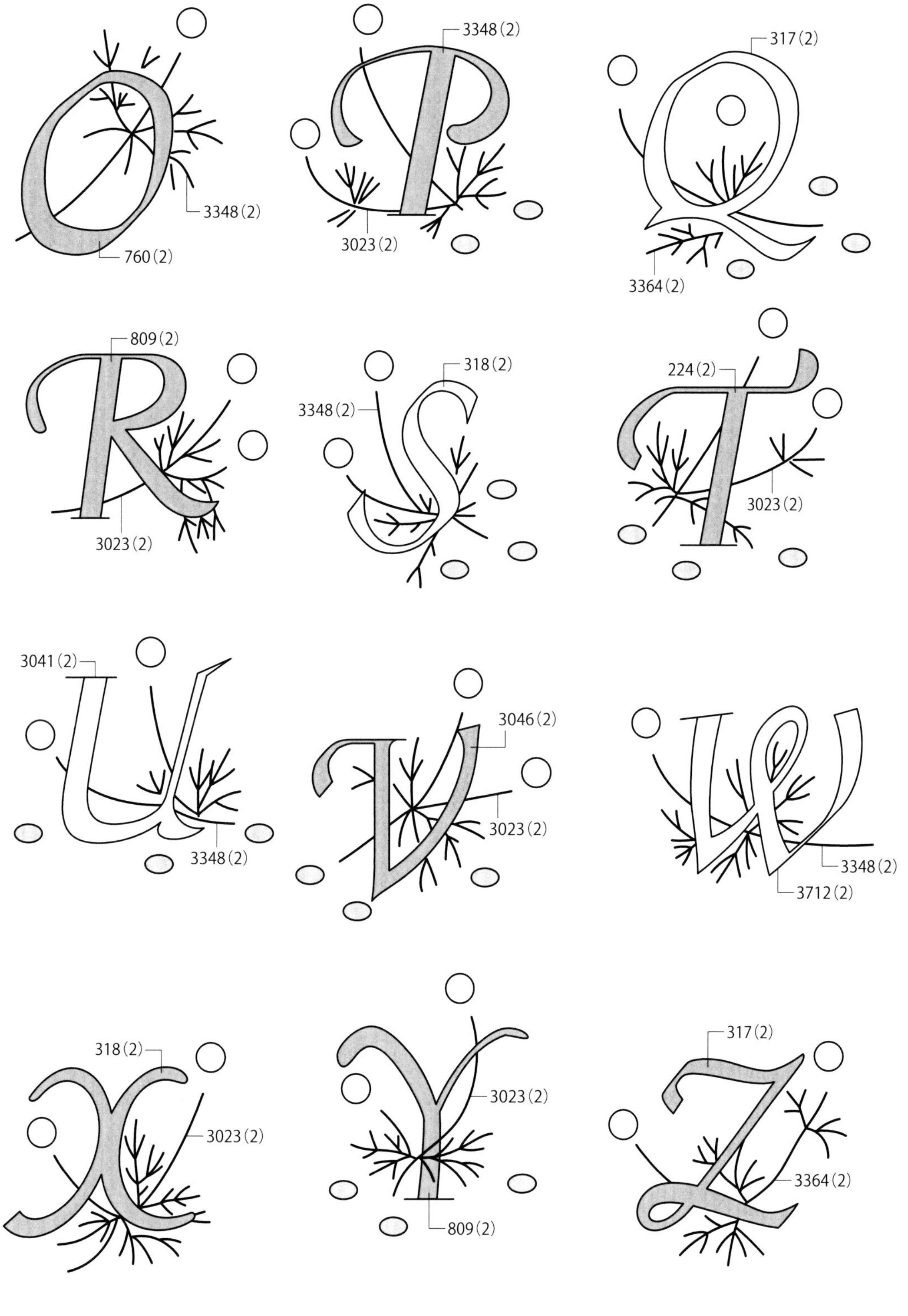
3348(2)
760(2)
3348(2)
3023(2)
317(2)
3364(2)
809(2)
3023(2)
318(2)
3348(2)
224(2)
3023(2)
3041(2)
3348(2)
3046(2)
3023(2)
3348(2)
3712(2)
318(2)
3023(2)
3023(2)
809(2)
317(2)
3364(2)

0
1
2
3
4
5
6
7
8
9
10
11
12
13
14
15
16
17
18
19
20
21
22
23
cm

flower alphabet …ニードルホルダー ⇒口絵 p.22

材料

刺繍布／薄手フレンチリネン　32cm×35cm
（外布・内布・ポケット）
刺繍糸／DMC25番刺繍糸　使用色は図案参照
接着芯／薄手の綿素材　10cm×15cm（外布のみ）
手芸用化繊わた
口金／幅9cm×高さ6cm角丸型ゴールド
（F21/9cm角丸G）
※がま口に必要な道具はp.35参照

作り方

❶ 刺繍布（外布）に接着芯をアイロンで貼る
❷ 図案（p.62、63）とp.38・39を参照して❶に刺繍する
❸ ❷と内布、ポケットを型紙どおりに裁つ
❹ 内側を作り、がま口タイプのニードルホルダーに仕立てる（p.65参照）

でき上がりサイズ

横7.5cm×縦9cm

型紙

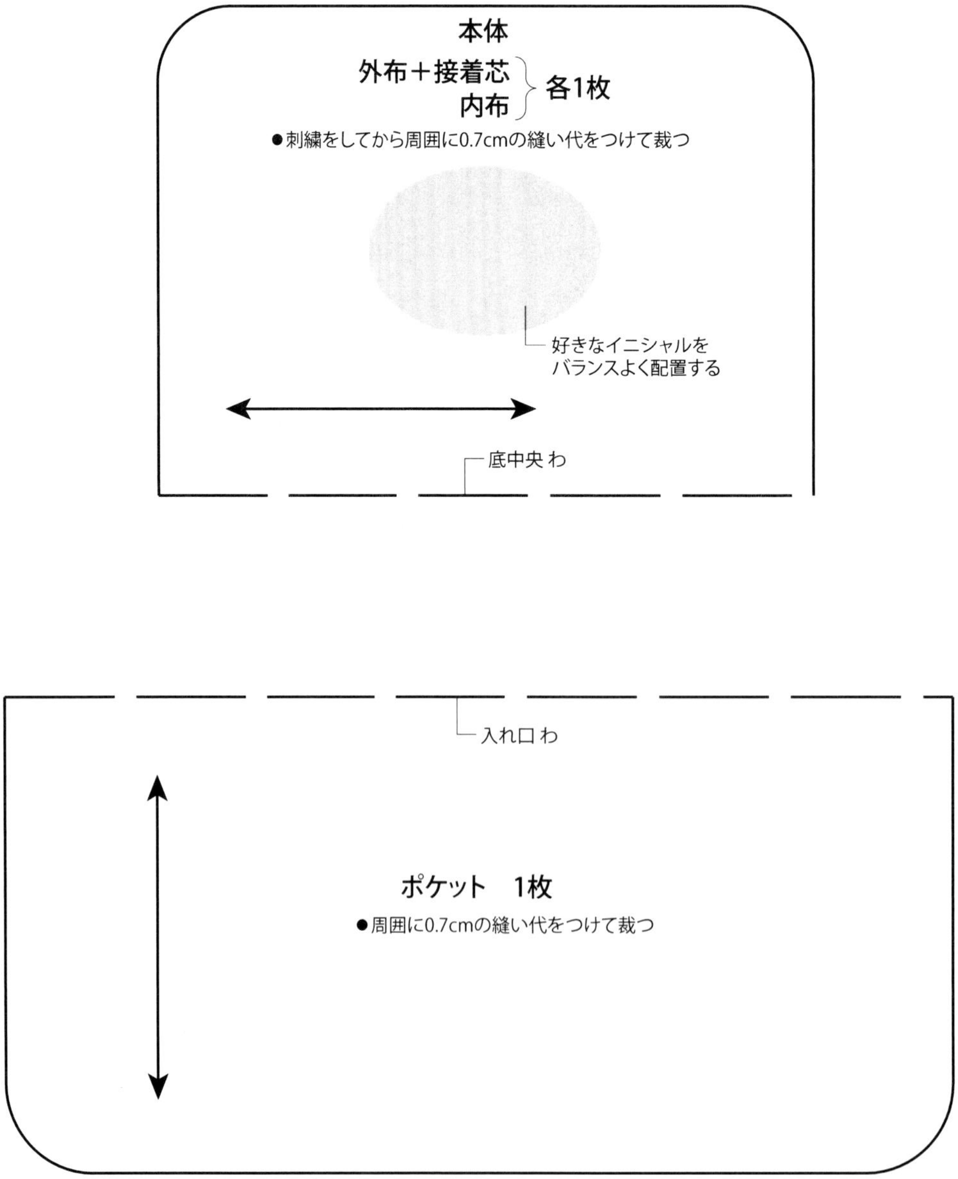

ニードルホルダーの仕立て方

・図中の単位は cm

①外布に接着芯を貼ってから刺繍する
外布、内布、ポケットに0.7㎝の縫い代をつけて裁つ

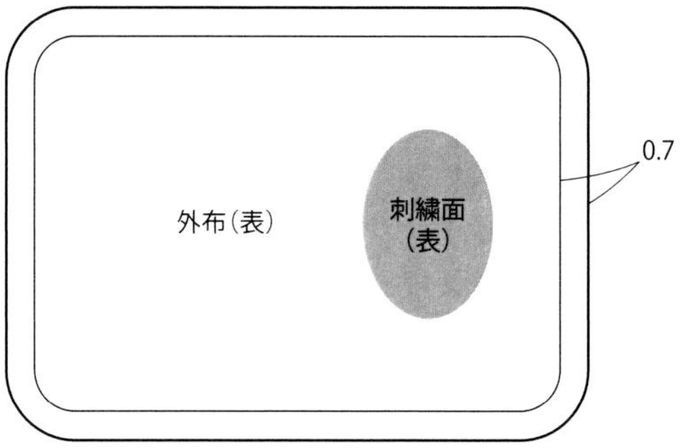

②ポケットをわで折り、図のように内布に重ねて
わた詰め口を残してまわりを縫う。続けて中心を縫う

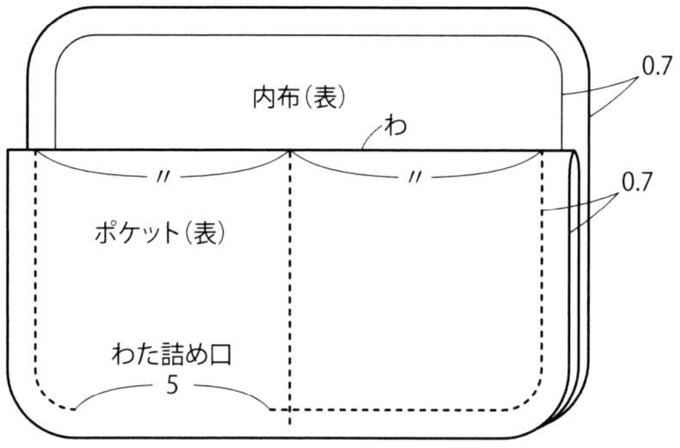

※始めと終わりは返し縫い

③外布と②で合わせた内布を中表に合わせ、
返し口を残して縫う

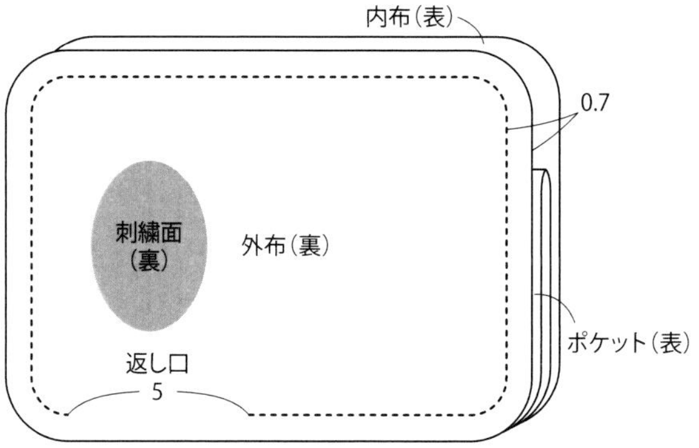

※でき上がり線で縫うことが
口金をはめる時に重要

④縫い目を切らないように角に切り込みを入れる
※アイロンで縫い代を割っておくと
ごわごわせず綺麗に仕上がる

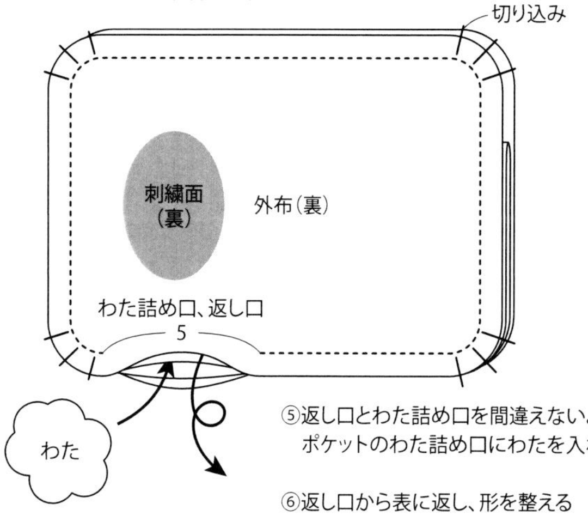

⑤返し口とわた詰め口を間違えないように
ポケットのわた詰め口にわたを入れる

⑥返し口から表に返し、形を整える

⑦アイロンで周囲を抑え、布端から0.3cm内側を縫う。
返し口をまつる（口金が入れやすくする）

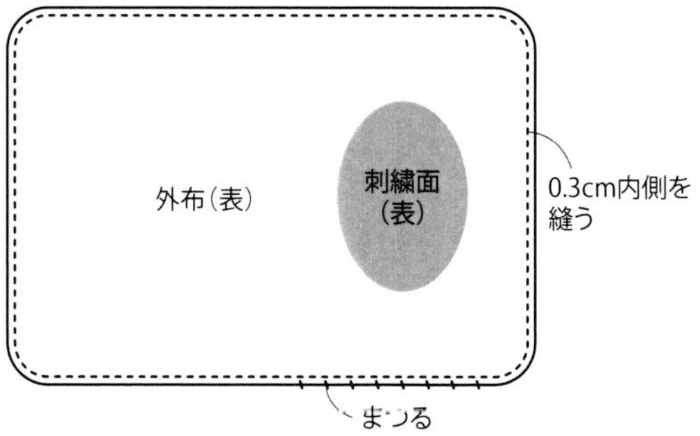

⑧口金をつける（p.77参照）

flower alphabet …ピンクッション ⇒口絵 p.23

材料

刺繍布／薄手フレンチリネン　15cm×15cmを2枚
刺繍糸／DMC25番刺繍糸　使用色は図案参照
手芸用化繊わた、厚紙7.5cm角

でき上がりサイズ

8cm×8cm×1.5cm

作り方

❶ 図案(p.62・63)とp.38・39を参照して刺繍布1枚に刺繍する
❷ ❶と残り1枚の3辺を縫い合わせて寸法どおりに裁ち、ピンクッションに仕立てる

ピンクッションの仕立て方　・図中の単位はcm

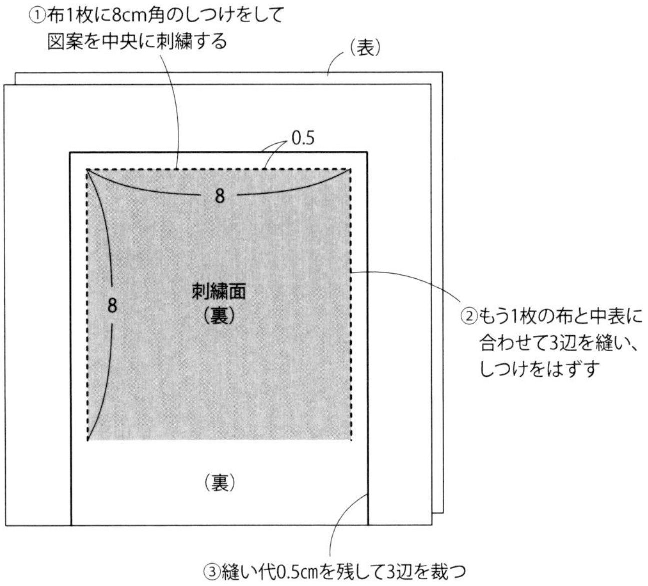

①布1枚に8cm角のしつけをして
図案を中央に刺繍する
(表)
0.5
8
8
刺繍面
(裏)
(裏)
②もう1枚の布と中表に
合わせて3辺を縫い、
しつけをはずす
③縫い代0.5cmを残して3辺を裁つ

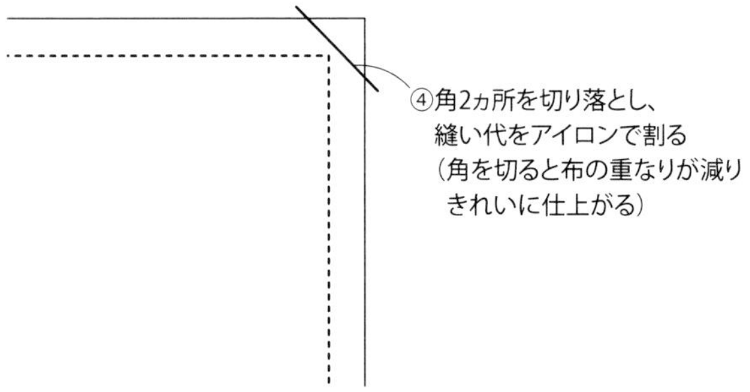

④角2カ所を切り落とし、
縫い代をアイロンで割る
(角を切ると布の重なりが減り
きれいに仕上がる)

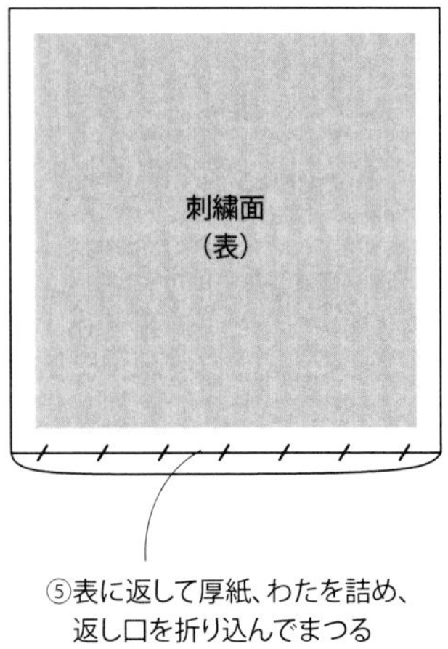

刺繍面
(表)
⑤表に返して厚紙、わたを詰め、
返し口を折り込んでまつる

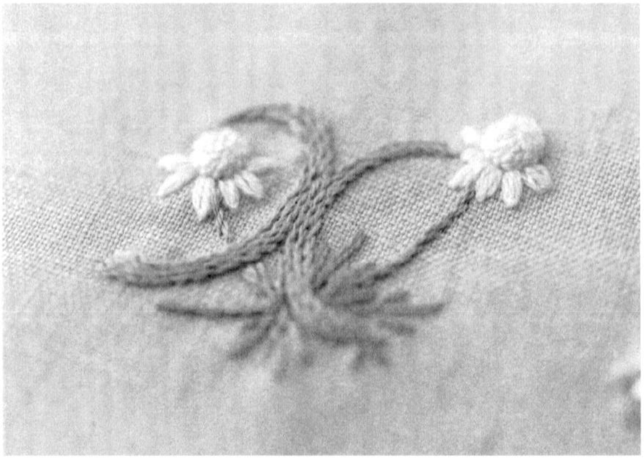

p.57 マチ付きポーチ、フラットポーチの続き　・図中の単位は cm

ストラップ・タブの作り方

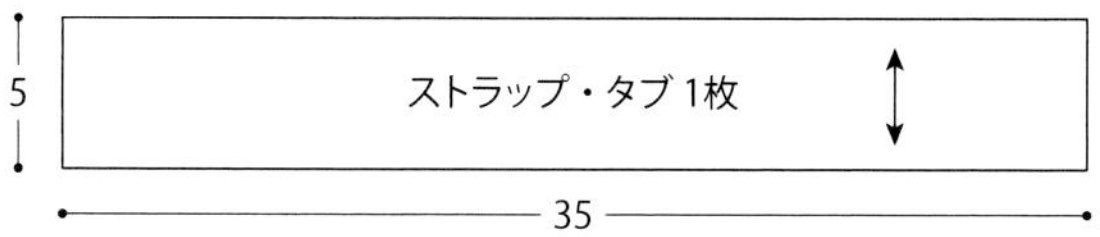

↓

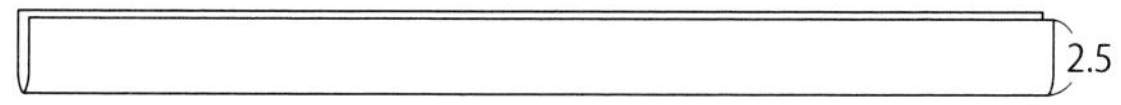

短辺を半分に折り、折り線をつける

↓

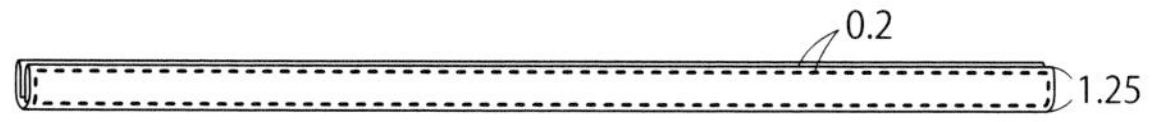

さらに布端を内側に折り、4重になった状態でまわりを縫う

↓

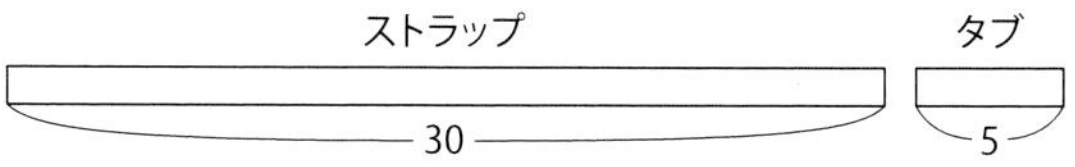

Dカンにストラップを通し、
2.5cm内側に折って
図のように縫い留める

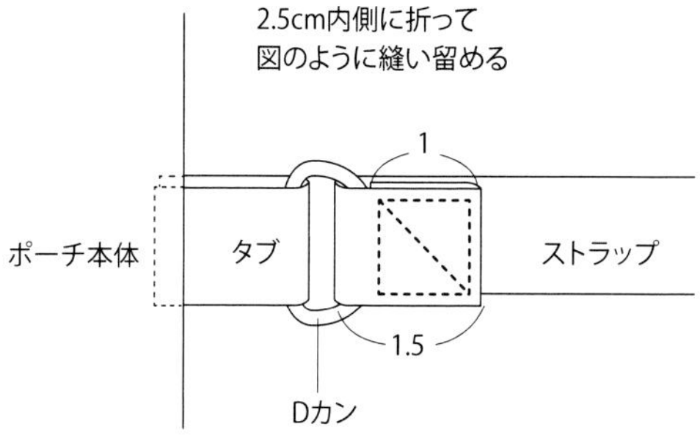

反対側にナスカンを同様に縫い留める

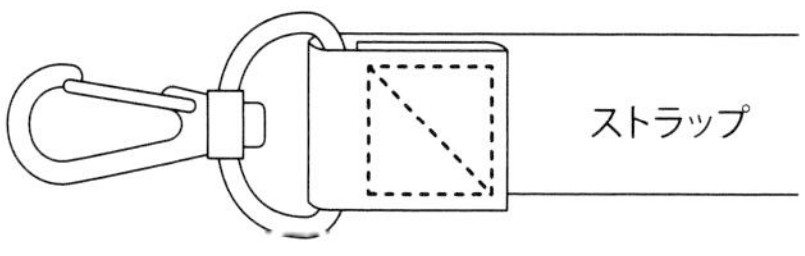

材料
刺繍布／薄手フレンチリネン
31cm×23cm
刺繍糸／DMC25番刺繍糸
使用色は図案参照
手芸用化繊わた

でき上がりサイズ
実物大図案参照

作り方
図案とp.38・39を参照して
リネンに刺繍する

27mmくるみボタン

※口絵p.7　帽子上の
「カモミールのくるみボタン」の図案
くるみボタンの作り方は
p.49を参照

実物大図案

- 全て2本どり
- 図案により花芯の黄と茎の緑の組み合わせが異なる
- カモミールの刺し方はp.38・39を参照
- 花は上部の図案を参照して刺す

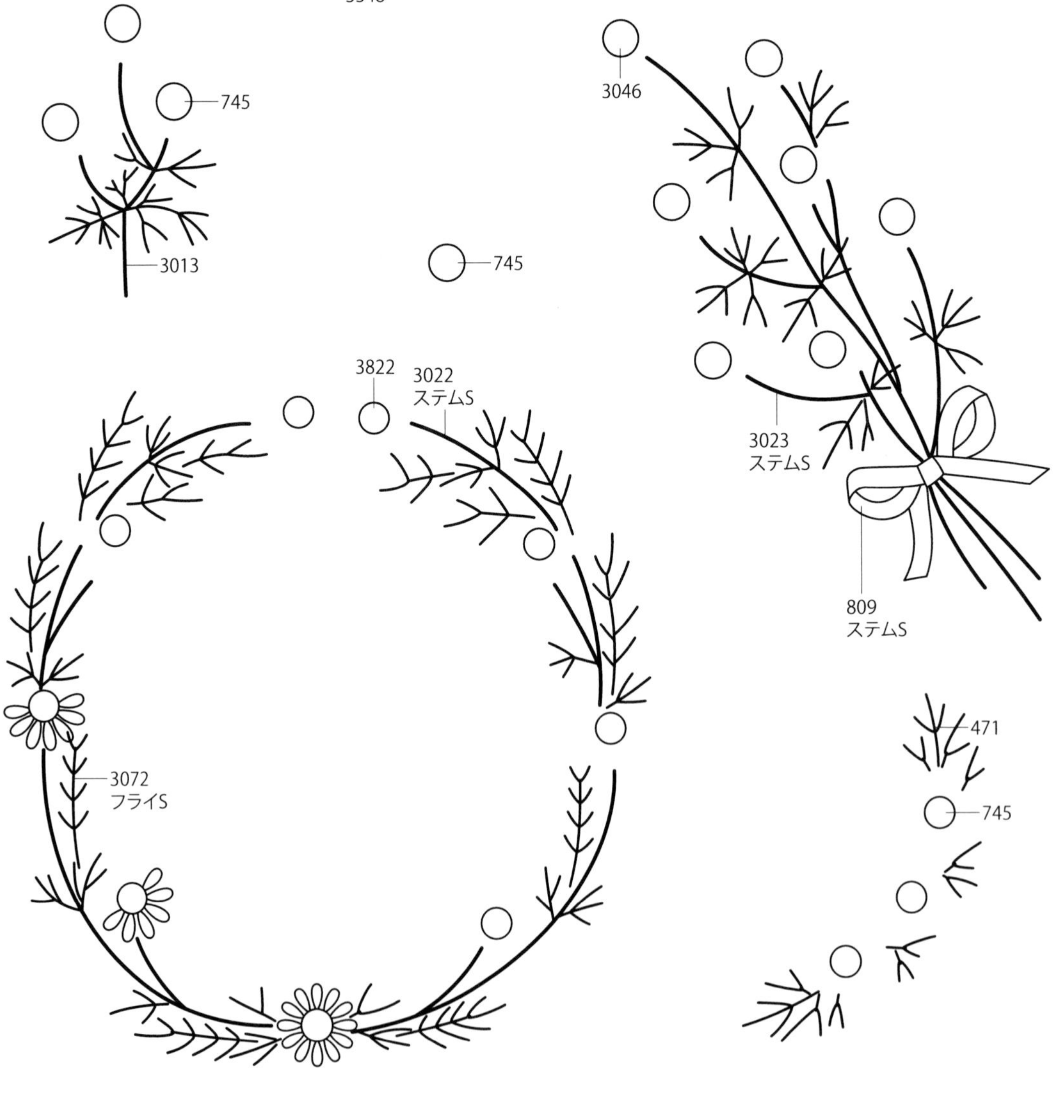

chamomiles …**がま口ポーチ** ⇒口絵 p.25

材料

刺繍布／薄手フレンチリネン
32cm×32cmを2枚（外布・内布）
刺繍糸／DMC25番刺繍糸
使用色は図案参照
接着芯／薄手の綿素材　32cm×32cm
（外布のみ）
手芸用化繊わた
口金／幅18cm×高さ4.5cm
角丸型ゴールド
（F25/18cm角丸BGL）
※がま口に必要な道具はp.35参照

でき上がりサイズ

横18cm×深さ11cm

作り方

❶ 刺繍布（外布）に接着芯をアイロンで貼る
❷ 図案とp.38・39を参照して❶に刺繍する
❸ ❷と内布を型紙どおりに裁ち、がま口に仕立てる（p.76、77参照）

型紙・実物大図案
●全て2本どり
●カモミールの刺し方はp.38・39を参照

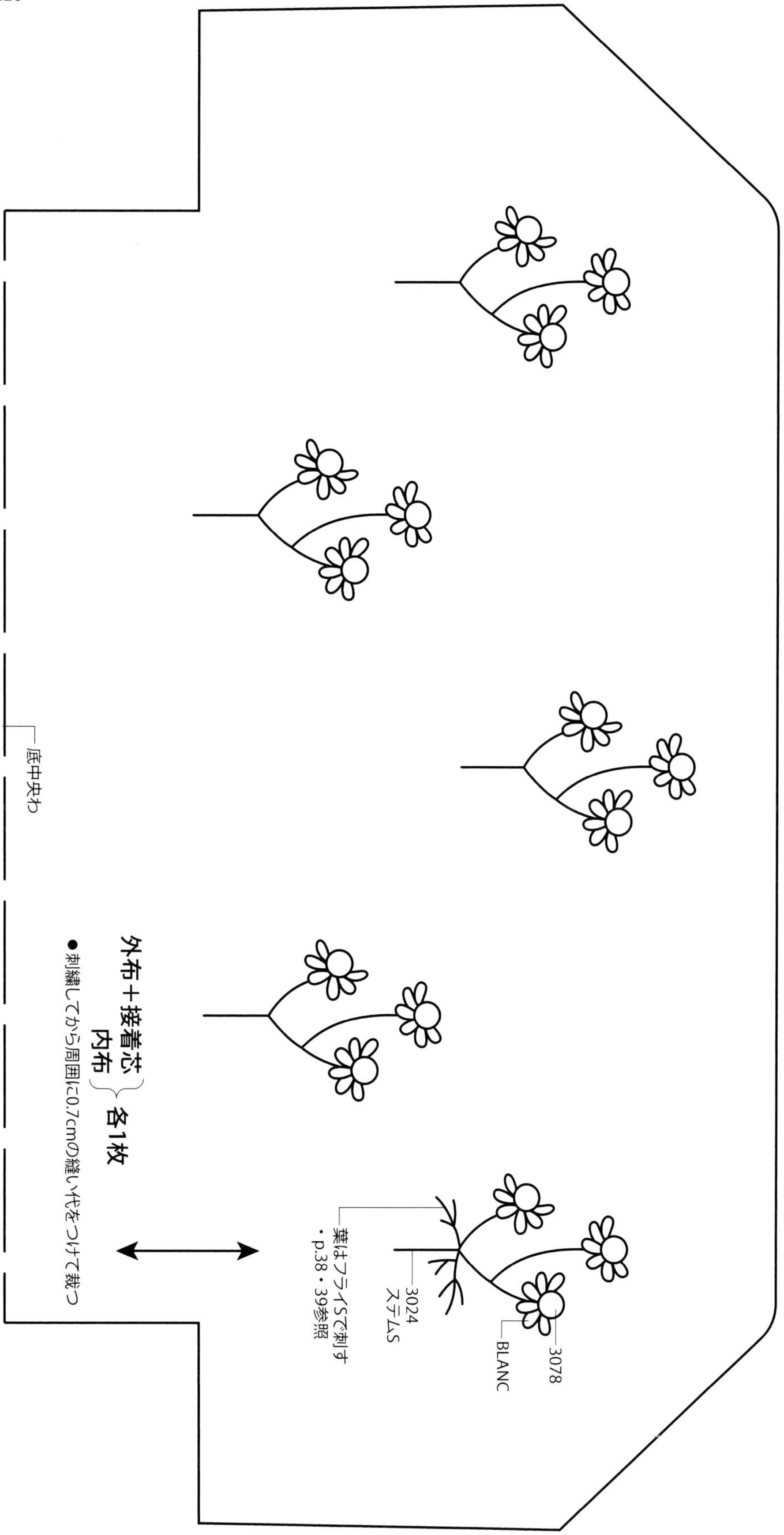

herbs with hemp string …⇒口絵 p.26

材料

刺繍布／薄手フレンチリネン　31cm×23cm
刺繍糸／DMC25番刺繍糸　使用色は図案参照

でき上がりサイズ　実物大図案参照

作り方

図案とp.34・35を参照して布に刺繍する

実物大図案

●カモミールの刺し方はp.38・39を参照

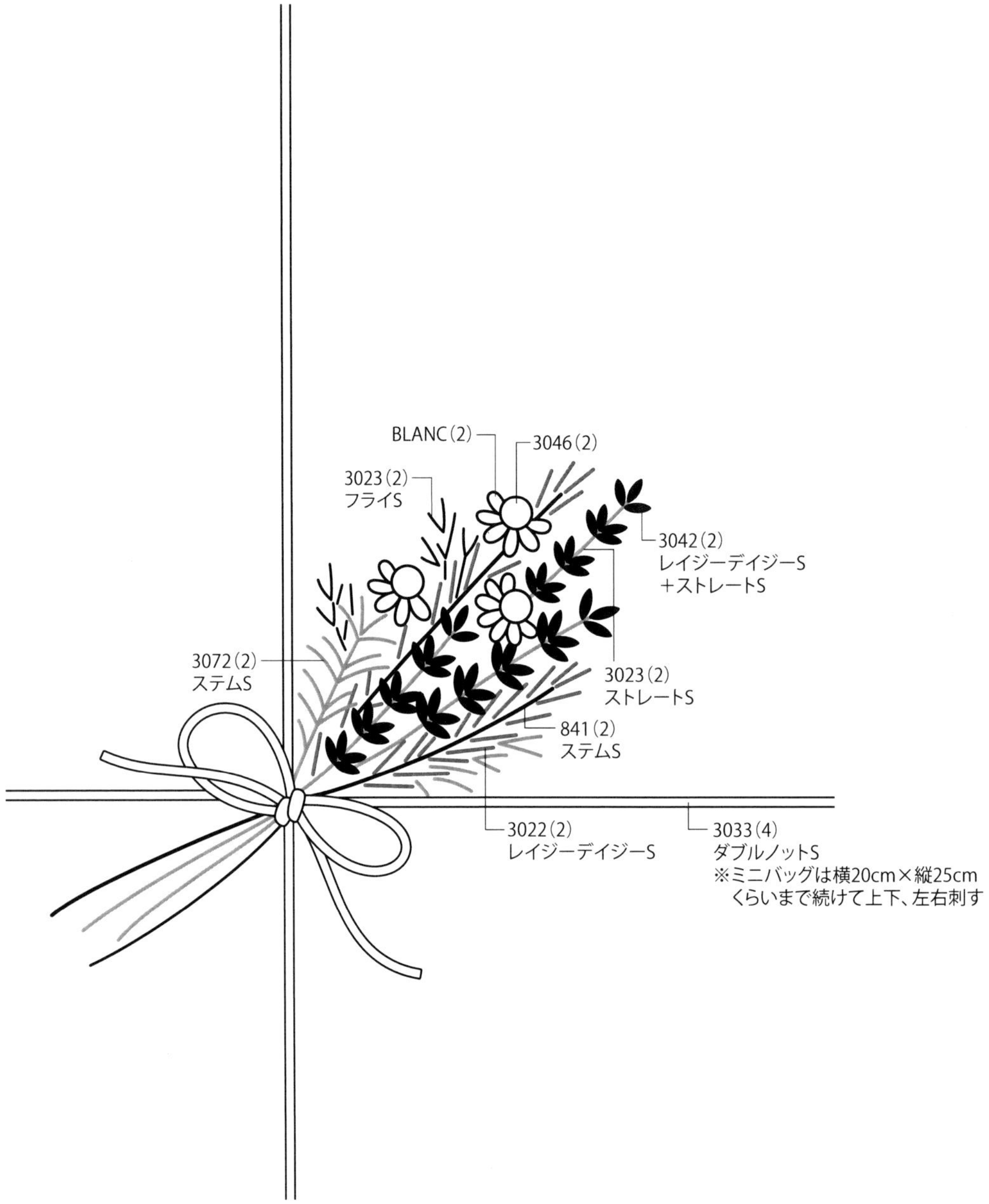

herbs with hemp string … **隠しマチ付きミニバッグ** ⇒口絵 p.28

材料

刺繍布／薄手フレンチリネン　70cm×50cm(外布・内布)
刺繍糸／DMC25番刺しゅう糸　使用色は図案参照
接着芯／薄手の綿素材　70cm×25cm(外布のみ)
手芸用化繊わた
持ち手／幅1cmの革　45cmを2本

でき上がりサイズ　横20cm×深さ25cm×マチ4cm

作り方

❶ 刺繍布(外布)に接着芯をアイロンで貼る
❷ p.38・39、37を参照して❶に刺繍する
❸ ❷と内布を型紙どおりに裁ち、バッグに仕立てる(p.71参照)

隠しマチ付きミニバッグの仕立て方

・図中の単位は cm

寸法図

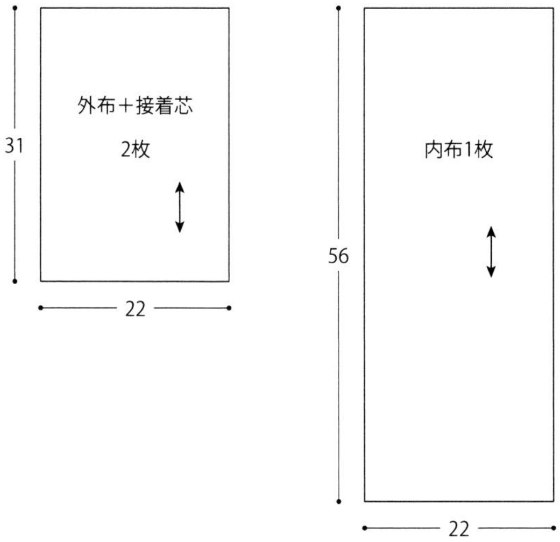

①寸法通りに布を裁ち、外布に
接着芯を貼ってから刺繍をする
②外布を中表にして底辺を
縫い合わせ、縫い代をアイロンで割る

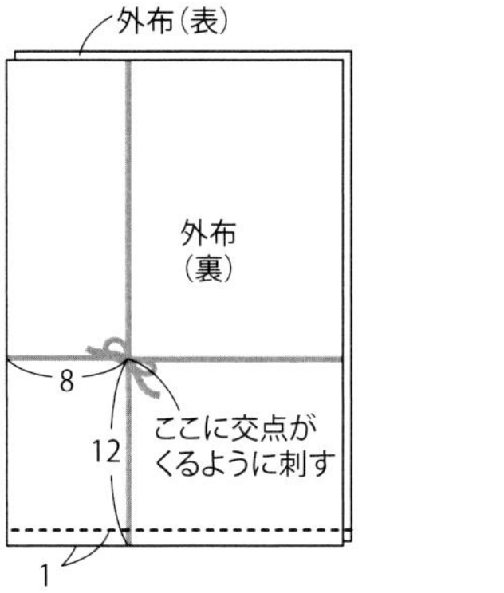

③外布の上下を3cm内側へ折り、
内布の上下は1cmで折る
（布が同じサイズになる）
外表に合わせ、中心にしつけをかける

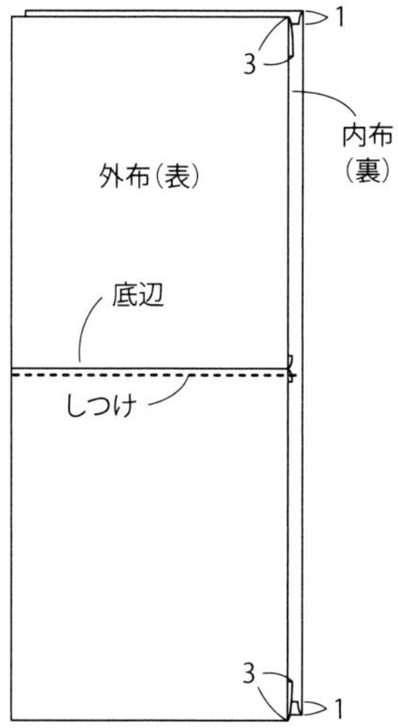

④-1
半分に折り、マチを作る為
内布を底辺から2cmの位置で
折って開く

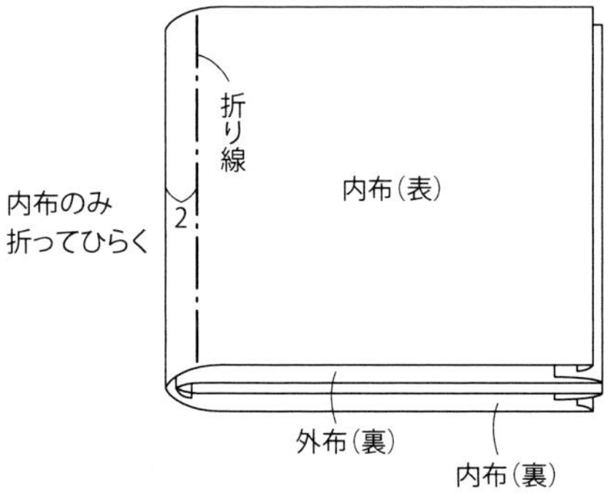

④-2 反対側の内布も折って開く

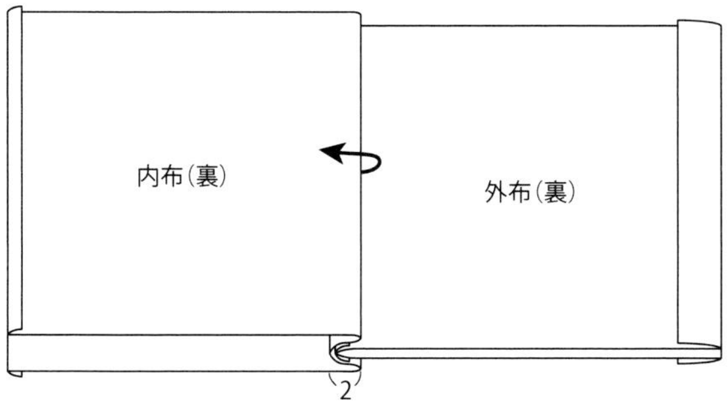

④-3 両脇を縫い、しつけをはずす

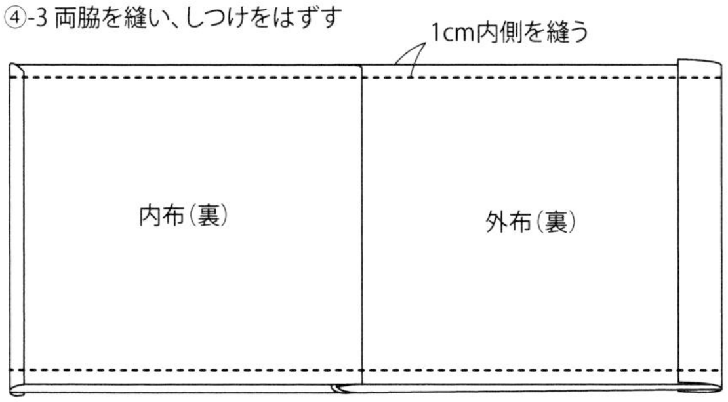

⑤外布の入れ口から底を引き出して
表に返し、持ち手をはさみ、上部を1周縫う

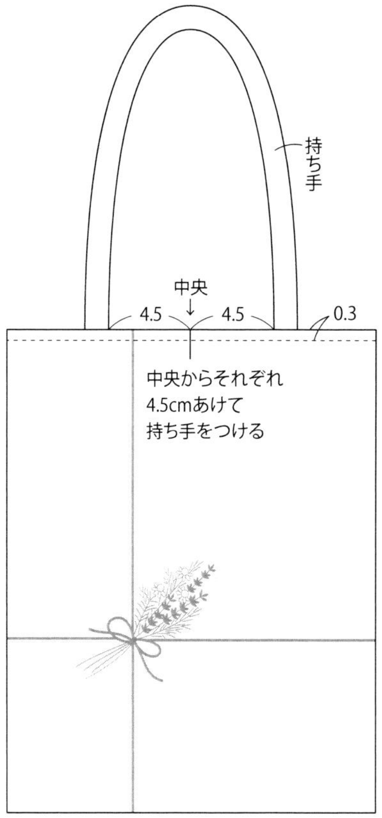

chamomile bouquet with bow, herbs with hemp string …ブックカバー ⇒口絵 p.27

材料

刺繍布／薄手フレンチリネン
20cm×40cmを2枚(外布・内布)
刺繍糸／DMC25番刺繍糸　使用色は図案参照
接着芯／薄手の綿素材　20cm×40cm(外布のみ)
手芸用化繊わた、幅1.5cmの平ゴム19cm、
幅0.4cmのリボン22cm

でき上がりサイズ　文庫本サイズ

作り方

❶ 刺繍布(外布)に接着芯をアイロンで貼る
❷ 図案とp.38・39、37を参照して❶に刺繍する
❸ ❷と内布を型紙どおりに裁ち、ブックカバーに仕立てる

herbs with hemp string の図案はp.70を参照

しおりつけ位置↓

実物大図案

●全て2本どり
●カモミールの刺し方はp.38・39を参照

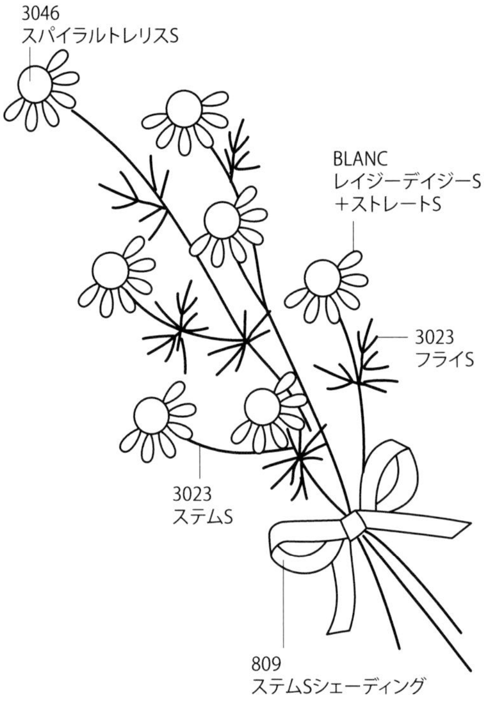

中心

ブックカバーの仕立て方

・図中の単位は cm

寸法図 ※内布も同様に裁つ

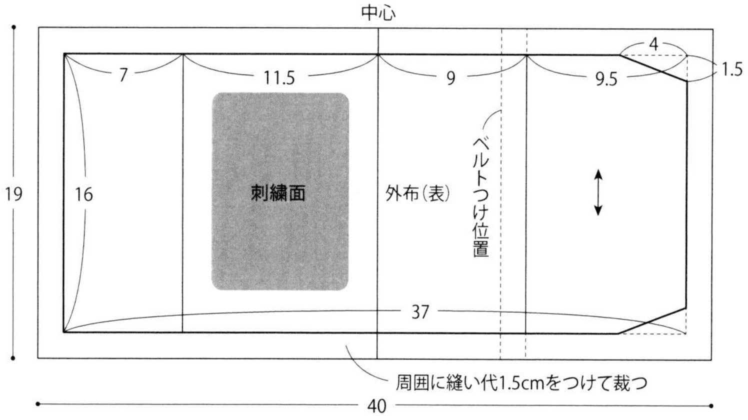

①ベルト（平ゴム）としおり（リボン）を外布の縫い代に仮留めする

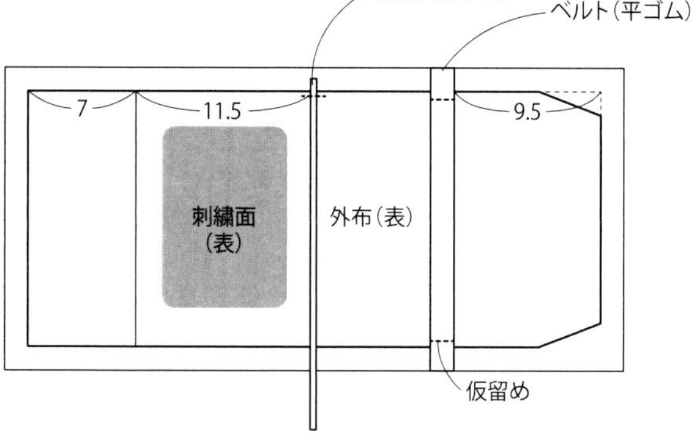

②外布と内布を中表に合わせてA部分を縫い合わせる（始めと終わりは返し縫い）

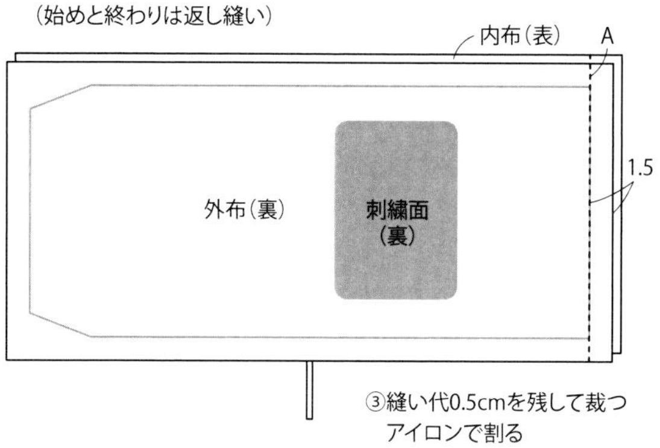

③縫い代0.5cmを残して裁つ アイロンで割る

④7cm内側に折り込んで、返し口を6cm残して周りを縫う しおりを一緒に縫わないよう内側にいれておく

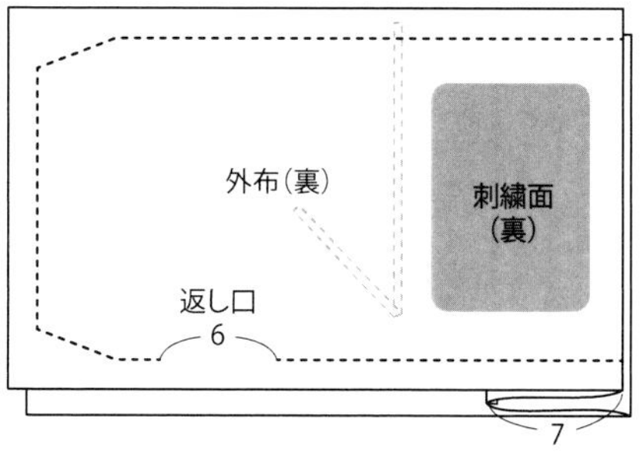

⑤縫い代0.5cmを残して裁つ（表へ返す前に角部分は2ミリほど残して切り取り、アイロンで割っておくと厚みが出ずにきれいに仕上がる）

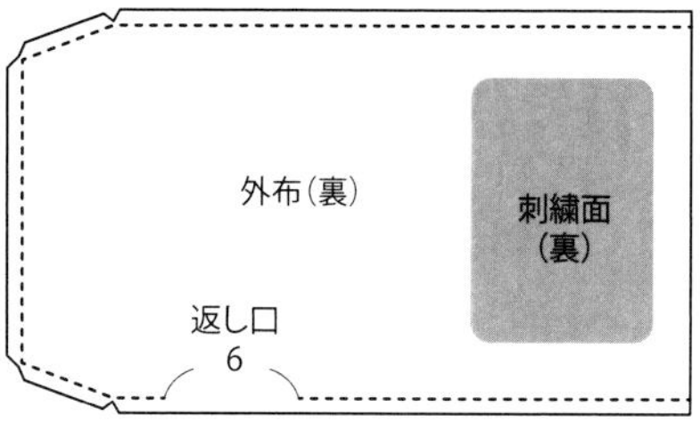

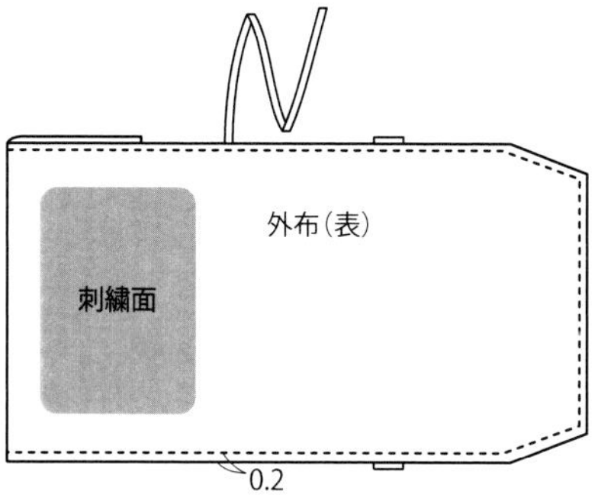

⑥表に返し、アイロンで形を整えて周囲を縫う

herbs with hemp string …がま口コインケース ⇒口絵 p.29

材料

刺繍布／薄手フレンチリネン　25cm×15cmを2枚（外布・内布）
刺繍糸／DMC25番刺繍糸　使用色は図案参照
接着芯／薄手の綿素材　25cm×15cm（外布のみ）
手芸用化繊わた
口金／幅7.6cm×高さ3.8cm角丸型ゴールド（F18/7.5cm角丸G）
※がま口に必要な道具はp.35参照

でき上がりサイズ

横8cm×深さ8cm

作り方

❶ 刺繍布（外布）に接着芯をアイロンで貼る
❷ 図案とp.38・39、37を参照して❶に刺繍する
❸ ❷と内布を型紙どおりに裁ち、がま口に仕立てる（p.76、77参照）

型紙・実物大図案

●カモミールの刺し方はp.38・39を参照

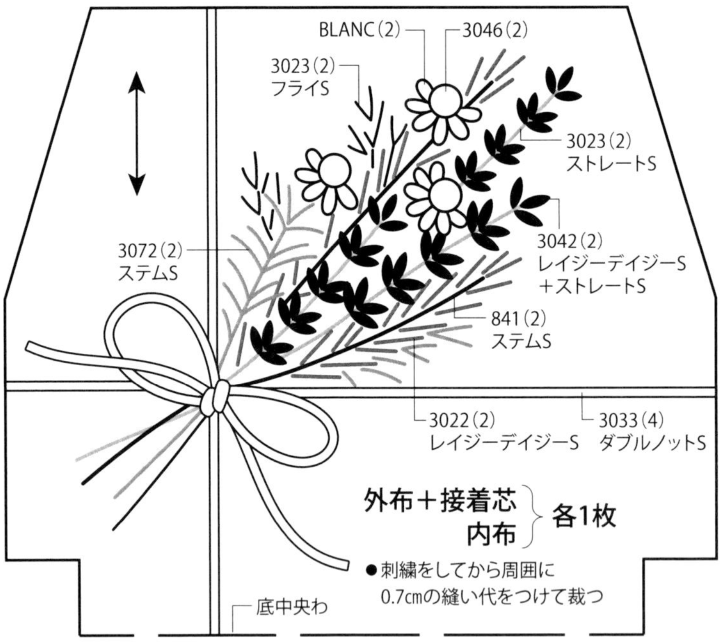

実物大型紙・図案

がま口の型紙

型紙は各作品共通です
指定と異なる口金を使う場合は、
型紙の入れ口側を口金に合わせて調整します

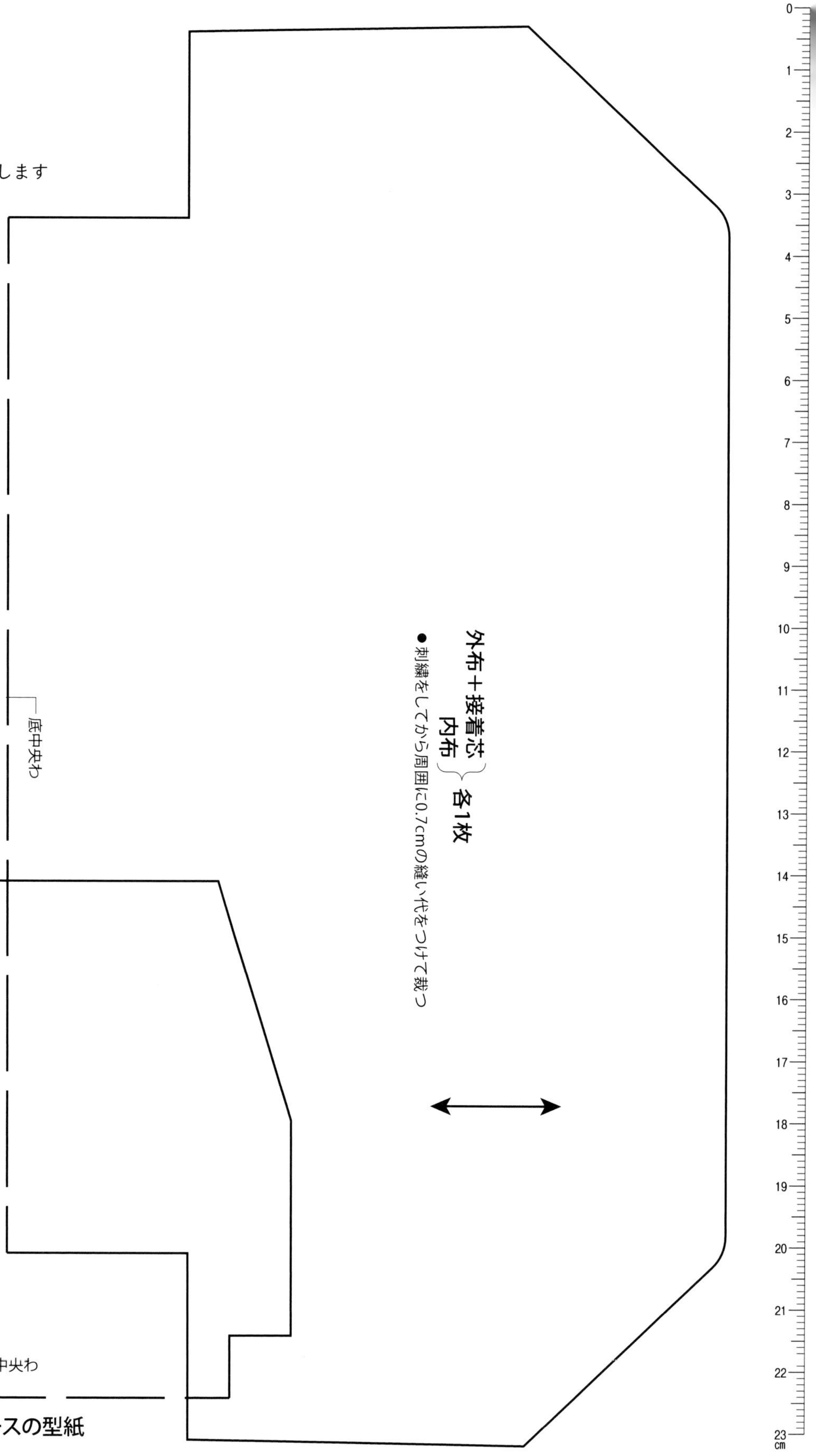

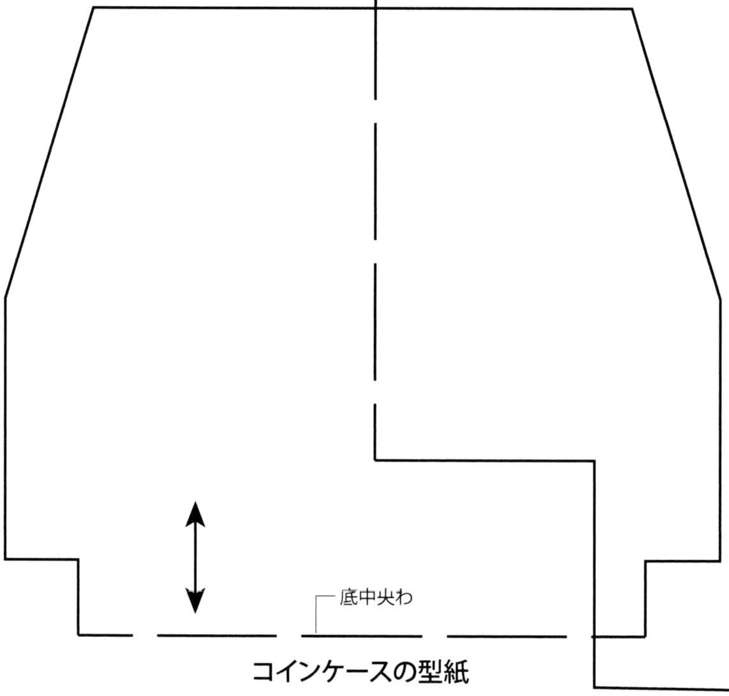

がま口コインケース、がま口ポーチの仕立て方

・図中の単位はcm

①型紙を写して接着芯を貼り、刺繍を終えたら、
布をわ部分で半分に中表に折り、たたみ両脇を縫う
（袋にした時の差を考えて、外布は線の0.1cm外側、
内布は線の0.1cm内側を縫う）

②0.7cm縫い代をつけて布を裁つ
内布も同様に作る

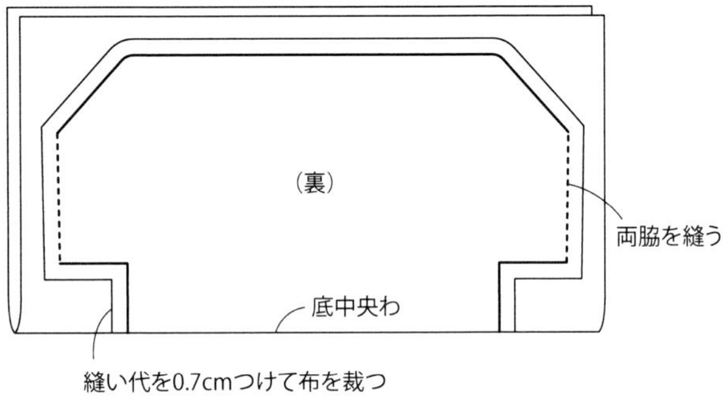

③両脇の縫い代をアイロンで割り、底部分を
重ねてマチを縫う（端から0.7cm）
（外布・内布ともに）

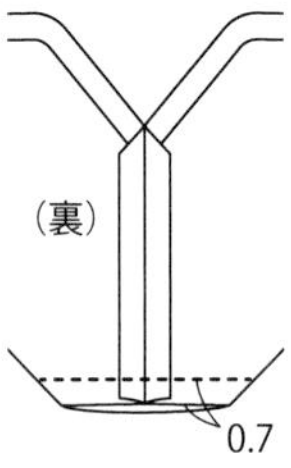

④外袋と内袋を中表になるように重ね合わせる

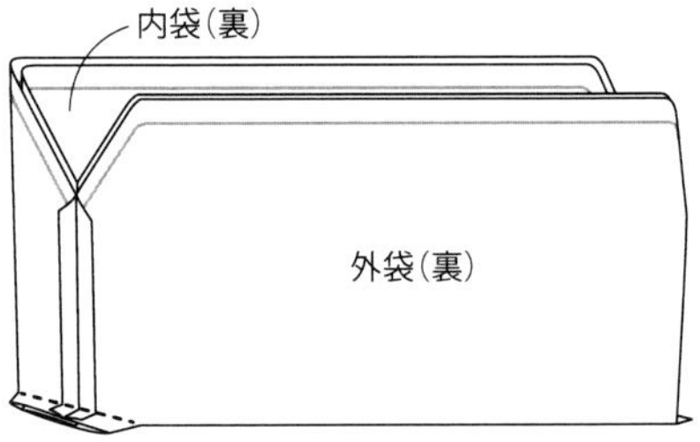

⑤返し口（10cm／コインケースは5cm）を残して
入れ口をぐるりと0.7cm縫い合わせる

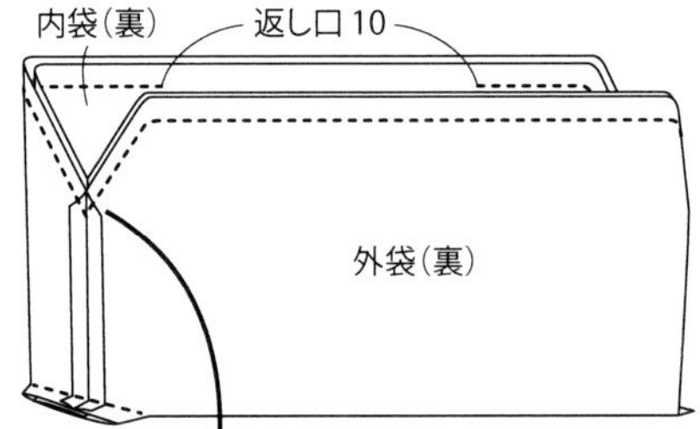

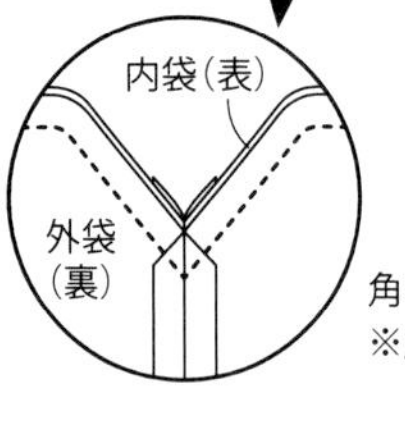

※口金サイズで型紙が作られているので、
正確に縫う
小さいと口金に届かず、
大きいとだぶつき布がしわになる

角を縫うのが一番難しいので注意する
※脇は縫い代を割った状態で縫う

⑥角に切り込みをいれ、アイロンで
縫い代を割り、返し口から表に返す
（切り込みは縫い目を切らないように注意する）

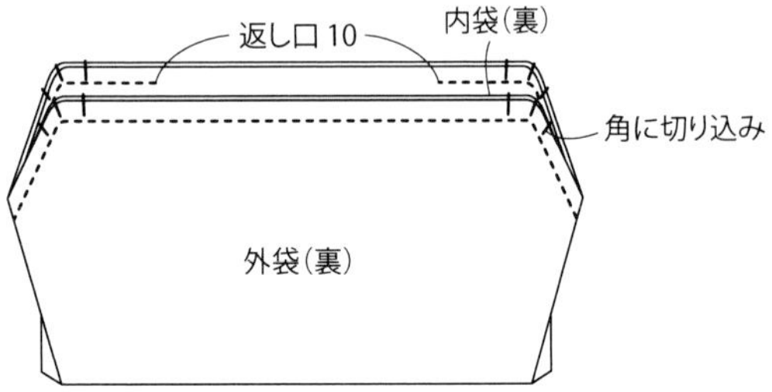

※表に返し、角部分を整える時に、マイナスドライバーを
内側から角に入れるときれいに返せる

⑦返し口部分を含め、上部をぐるりと縫う
（口金と同じ寸法）

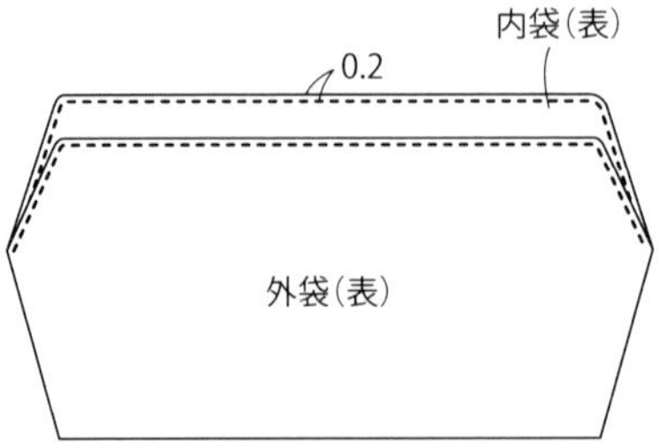

表に返した状態

がま口コインケース、がま口ポーチ口金のつけ方

①口金に合わせて紙紐を切る

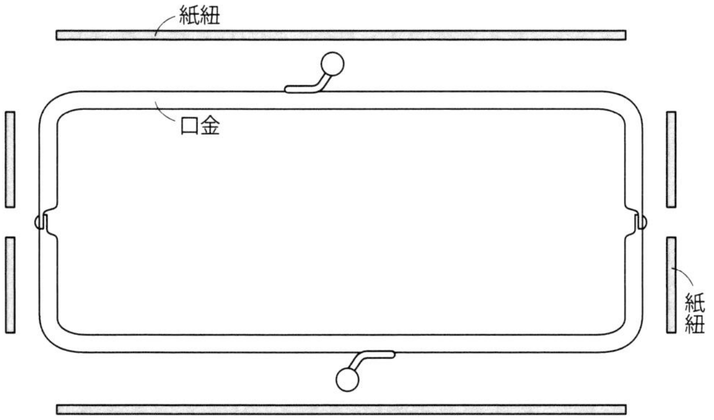

②口金の内側に手芸用接着剤を塗る
（奥と側面内側に塗る）

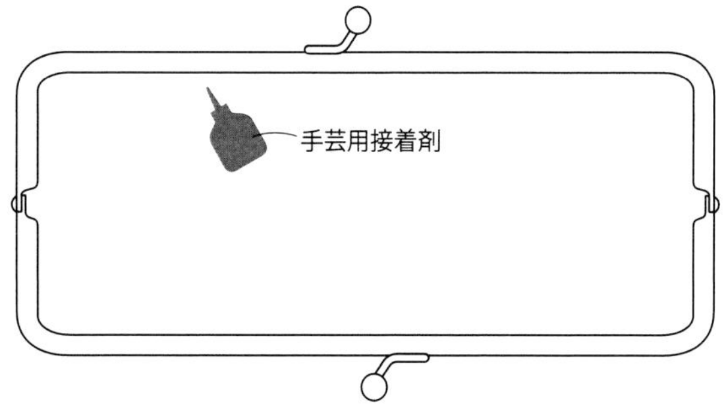

③紙紐を広げて巻きなおす

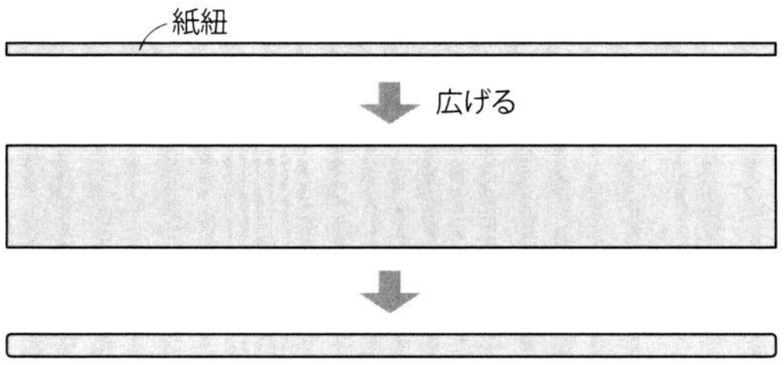

※巻きなおすことでふわっとする

④口金の中心、角、両脇の順に袋布を
目打ちを使って奥まで押し込む

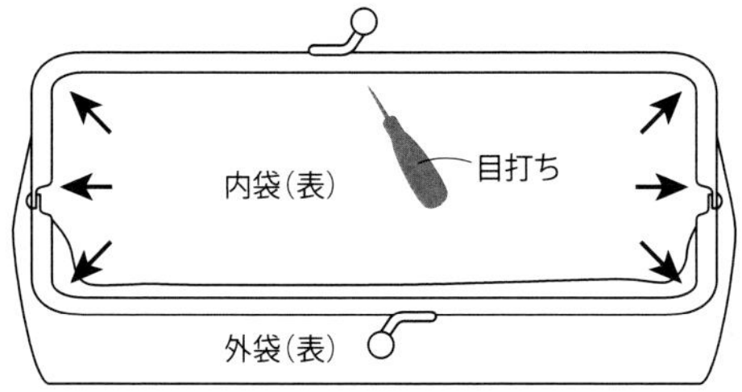

⑤紙紐を口金の上部、両脇の順にいれ、
口金が動かないよう固定する

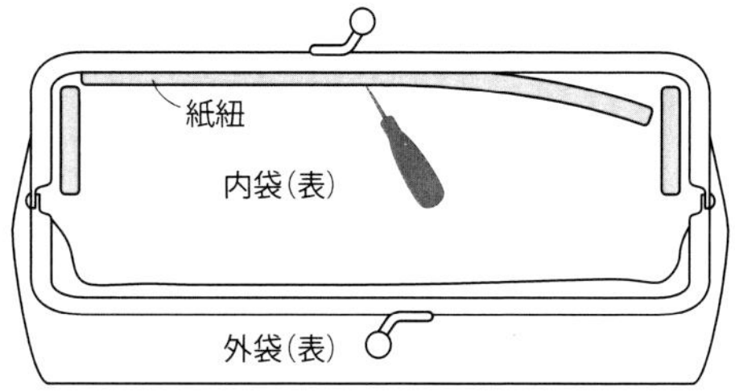

※入れ終わったら、外側を見て形を整え、
口金にはみ出した接着剤を拭き取り、
乾くまで口を開けたまま置いておく

⑥乾いたら完成

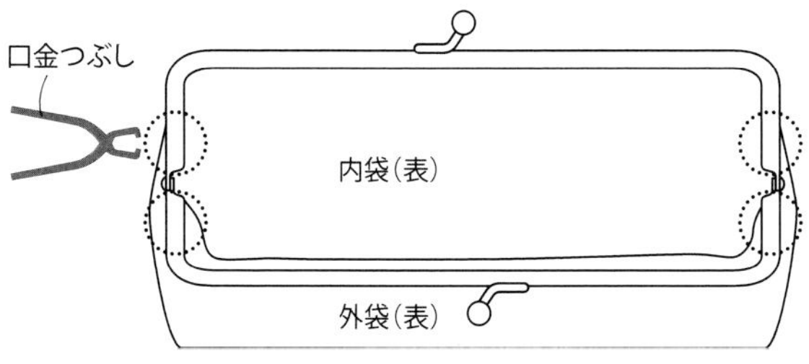

※口金が抜けるのが心配な時は、口金を傷つけないよう
当て布をして口金の脇の角、4ヵ所を
口金つぶし（ペンチ等）で軽くつぶす

表紙と背表紙の刺繍

実物大図案

- ●くま・パンダ（頭、顔）の刺し方はp.40〜42を参照（2本どり）
  目・鼻・口は310、口のみ1本どり
- ●糸は全て2本どり、指定以外はレイズドステムS
- ●イチゴ、さくらんぼ、カモミール
  てんとう虫はスパイラルトレリスS＋わた（p.38・39・58参照）

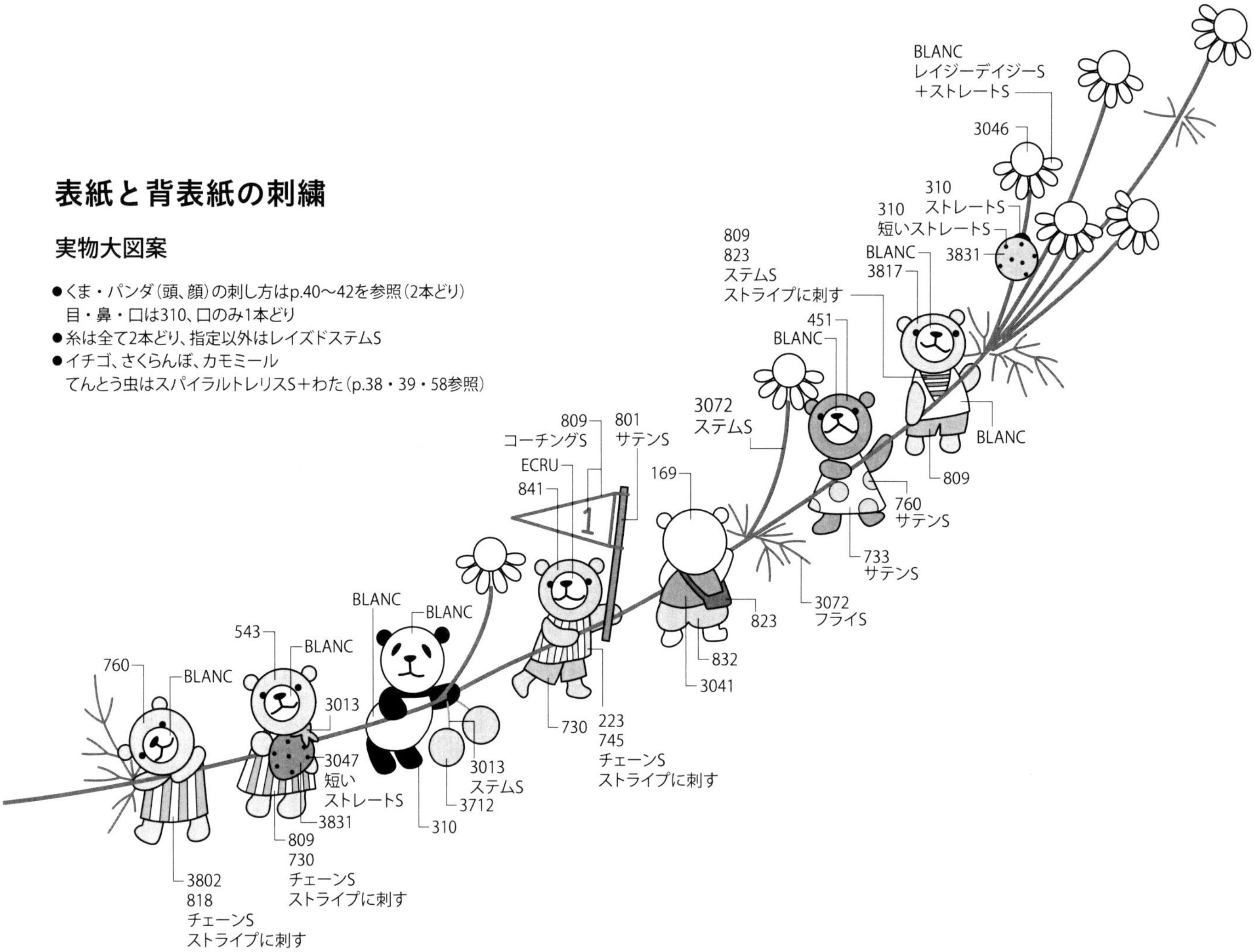

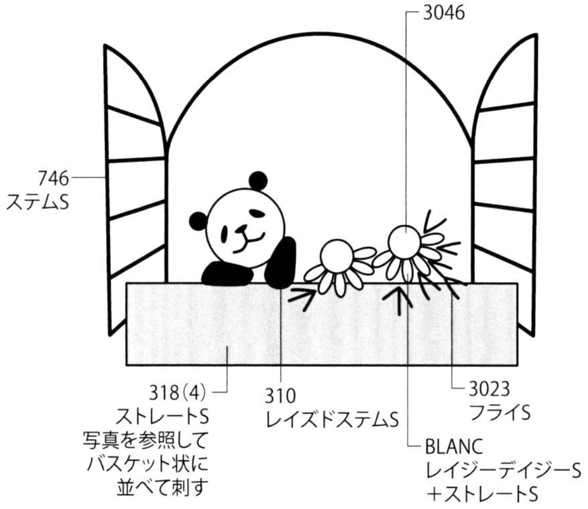

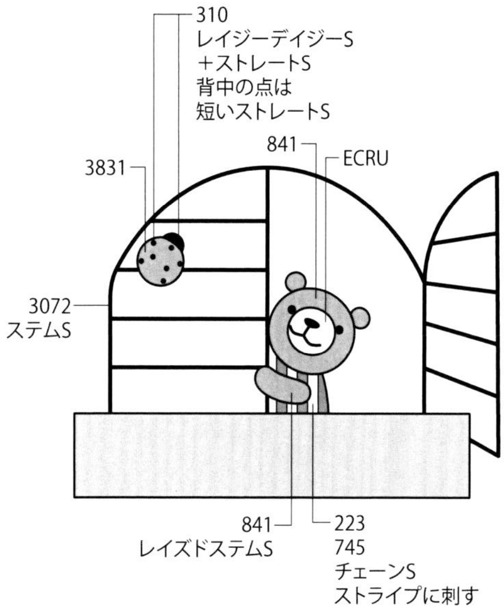

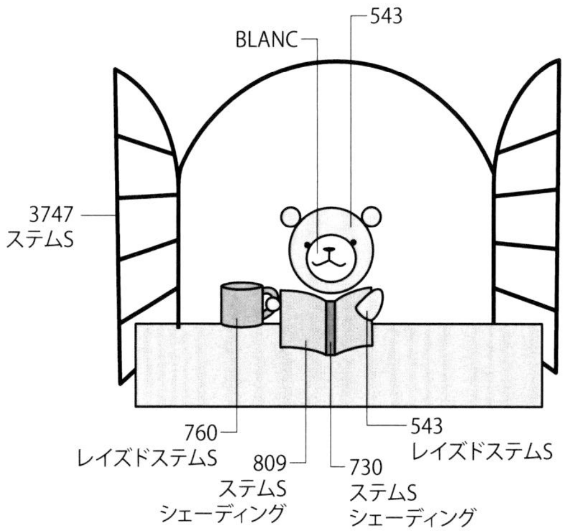

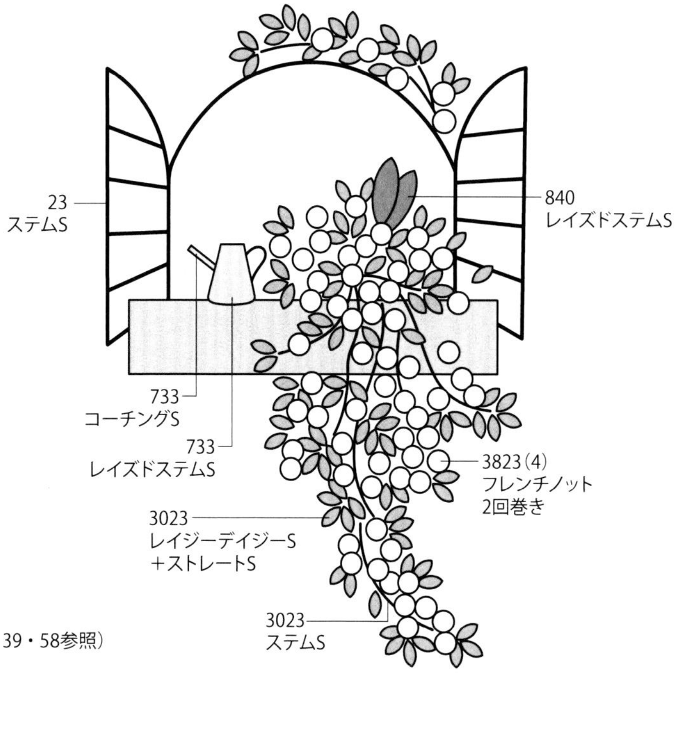

実物大図案

●くま・パンダ(頭、顔)の刺し方はp.40〜42を参照(2本どり)
目・鼻・口は310、口のみ1本どり

●糸は指定以外2本どり

※カモミール、てんとう虫はスパイラルトレリスS+わた(p.38・39・58参照)

三浦 名菜

MIURA NANA

刺繍作家。2012年、ニューヨーク在住時、近隣に衣服地区(生地問屋街)があったことから布に興味を持ち、子ども服作りを始め、手しごとの魅力を知る。帰国後、立体刺繍と出合い、その多彩な表現に魅せられ、2017年に刺繍制作活動をスタート。2019年、日本手芸普及協会主催の『キルトコンテスト&ステッチコンテスト』に入選。2020年、マガジンランド主催の『手芸&クラフト展』で最優秀賞を受賞。同年「小さくてキュートな立体刺繍 nana's stitch」(マガジンランド)を出版。刺繍はセラピーにもなるとして「癒ししゅう」を合言葉に活動を続けている。作品を発表しているインスタグラムのフォロワー数は1万人以上。趣味はランニング。

公式Instagram [nana_embroidery_works]

https://www.instagram.com/nana_embroidery_works

staff

ブックデザイン　堀江京子(netz.inc)

撮影　三好宜弘[全般]

　　　佐山裕子[p.30](主婦の友社)

モデル　fuki

DTP制作　明昌堂

図案・作り方イラスト　株式会社ウエイド手芸制作部　原田鎮郎

校正　田中利佳

編集　大割里美

元本企画　広田豊子

編集担当　森信千夏(主婦の友社)

●素材協力

刺繍糸

ディー・エム・シー株式会社

〒101-0035　東京都千代田区神田紺屋町13番地　山東ビル7F

TEL.03-5296-7831

https://www.dmc.com

リネン

生地のお店プチファボリ

〒677-0015　兵庫県西脇市西脇210-1

TEL.0795-22-8548

https://www.rakuten.ne.jp/gold/petitfavori/

口金

株式会社　角田商店

〒111-0054　東京都台東区鳥越2-14-10

TEL.03-3863-6615(店舗直通)

http://www.tsunodaweb.shop/

●撮影協力

UTUWA

〒151-0051

東京都渋谷区千駄ヶ谷3-50-11

明星ビルディング1F

www.awabees.com

新装版《しんそうばん》　小《ちい》さくてキュートな立体刺繍《りったいししゅう》　nana's《ナナズ》 stitch《ステッチ》

2021年 5 月31日　第1刷発行

2022年11月10日　第3刷発行

著　者　　三浦名菜《みうらなな》

発行者　　平野健一

発行所　　株式会社主婦の友社

　　　　　〒141-0021

　　　　　東京都品川区上大崎3-1-1目黒セントラルスクエア

　　　　　電話 03-5280-7537(編集)／ 03-5280-7551(販売)

印刷所　　大日本印刷株式会社

ISBN978-4-07-448203-0

■本書の内容に関するお問い合わせ、また、印刷・製本など製造上の不良がございましたら、主婦の友社(電話03-5280-7537)にご連絡ください。

■主婦の友社が発行する書籍・ムックのご注文は、お近くの書店か主婦の友社コールセンター(電話0120-916-892)まで。

＊お問い合わせ受付時間　月～金(祝日を除く)9:30 ～ 17:30

主婦の友社ホームページ https://shufunotomo.co.jp/

本書は、2020年にマガジンランド社から発行された『小さくてキュートな立体刺繍 nana's stitch』に新作品を加えて復刻したものです。